CPSIA information can be obtained
at www.ICGtesting.com
Printed in the USA
BVHW040752120521
607049BV00009B/2185

9 781034 899167

# فيسبوك وأخوانه

## ماذا فعلت بنا وسائل التواصل؟

# عثمان كباشي

إصدارات دار إي-كتب
لندن 2021

Facebook and its bros
What have social media done to us?
BY: Osman Kabbashi
All Rights Reserved to the author ©
Published by e-Kutub Ltd
Distribution: TheBookExhibition.com & Associates
All yields of sales are reserved to the author
ISBN: 9781780585802
**First Edition**
London, 2020
** * **

الطبعة الأولى،

لندن، 2021

**فيسبوك واخوانه: ماذا فعلت بنا وسائل التواصل؟**

المؤلف: **عثمان كباشي**

الناشر: e-Kutub Ltd، شركة بريطانية مسجلة في انجلترا برقم: 7513024

© جميع الحقوق محفوظة للمؤلف

التوزيع: TheBookExhibition.com

كل عائدات البيع محفوظة للمؤلف

لا تجوز إعادة طباعة أي جزء من هذا الكتاب إلكترونيا أو على ورق. كما لا يجوز الاقتباس من دون الإشارة الى المصدر.

أي محاولة للنسخ أو إعادة النشر تعرض صاحبها الى المسؤولية القانونية.

إذا عثرت على نسخة عبر أي وسيلة اخرى غير موقع الناشر (**إي- كتب**) أو غوغل بوكس أو أمازون، نرجو إشعارنا بوجود نسخة غير مشروعة، وذلك بالكتابة إلينا:

ekutub.info@gmail.com

يمكنك الكتابة الى المؤلف على العنوان التالي:

kabbashi1963@gmail.com

# الفهرس

- الإهداء ........................................... 5
- شكر وعرفان ................................... 6
- تقديم: د. محمد العلي ......................... 7
- مقدمة المؤلف ................................. 9
- **الكتاب الأول: سيفا فايدياناثان.. عن فيسبوك وغزو البلهاء** ...... 15
  - وسائل التنافر: كيف يساهم فيسبوك في قطع العلائق بين الناس ويقوض الديمقراطية؟ ........................... 15
- **الكتاب الثاني: سيلفي" وهوس الكمال المطلَق** ........... 21
  - سيلفي.. كيف أصبح الغرب مهووسا بالذات؟ ............ 21
- **الكتاب الثالث: البشر في مواجهة التكنولوجيا": صناعة المصائر في وادي السيليكون** .......... 27
  - البشر في مواجهة التكنولوجيا: كيف تقضي الإنترنت على الديمقراطية؟ ........................... 27
- **الكتاب الرابع: الكل يكذب: سطوة البيانات الضخمة** ...... 33
  - الكل يكذب.. كيف تجيب الإنترنت عن سؤال من نحن؟ ...... 33
- **الكتاب الخامس: فخ الإنترنت.. خيبة الإنترنت في عقدها الثالث** 39
  - فخ الإنترنت: كيف يبني الاقتصاد الرقمي الاحتكارات ويقوض الديمقراطية؟ ........................... 39

**الكتاب السادس: طارق العريس: من ألف ليلة وليلة إلى ويكليكس** ................................................................ 45

تسريبات.. قرصنة وفضائح الثقافة العربية في ظل العصر الرقمي ................................................................ 45

**الكتاب السابع: رأسمالية بلا رأسمال.... مستقبل العالم غير الملموس** ................................................................ 51

رأسمالية بلا رأس مال ........................................... 51

**الكتاب الثامن: ما بعد الحقيقة.. كيف سيطر الهراء على العالم؟** ................................................................ 57

ما بعد الحقيقة... كيف سيطر الهراء على العالم؟ ................... 57

**الكتاب التاسع: أخبار زائفة.. من هنري الثامن حتى أيامنا.. وسائل الإعلام ضد الطغاة** ................................................................ 63

معارك وسائل الإعلام ضد الطغاة.. من هنري الثامن حتى دونالد ترامب ................................................................ 63

**الكتاب العاشر: المعركة من أجل الحقائق.. صناعة الأخبار في العصر الرقمي** ................................................................ 71

تجار الحقيقة: صناعة الأخبار في العصر الرقمي والمعركة من أجل الحقائق ................................................................ 71

**ثقافة الشاشة** ........................................... 77

## الإهداء

إلى شهداء ثورة ديسمبر 2019 في السودان، وإلى شباب الثورة الذين أثبتوا أن ثمة وظائف أخرى لوسائل التواصل الاجتماعي أسمى وأجل من الدردشة، وتبادل النكات، وأمضى من كل ما في ترسانة الجلاد.

## شكر وعرفان

يطيب لي أن أتوجه بالشكر إلى الزميل العزيز الدكتور محمد العلي الذي تفضل بالتقديم للكتاب، وقبل ذلك فهو مشجع دائم لي، وكثيرا ما تناقشنا في تطورات وتأثيرات العصر الرقمي على حياة البشر، وعلى الصحافة على وجه الخصوص.

والشكر موصول أيضا لكوكبة من الزملاء الأعزاء، الذين لم تتوقف النقاشات معهم بشأن الكثير من الموضوعات المباشرة التي تم التطرق إليها في هذا الكتاب، وموضوعات أخرى في نفس السياق، الدكتور عبد الله حربكانين، الدكتور إبراهيم واقداي، الأساتذة معاوية الزبير، أحمد حافظ عجوة، محفوظ فضيلي، مصطفى فرحات، عقبة الأحمد، محمد بنكاسم، وآخرين كثر.

ويطيب لي أن أشكر على نحو خاص الشاب الفنان عبده محمود الذي أبدع بريشته، وقبل ذلك رؤيته الفنية الثاقبة غلاف الكتاب.

وبالطبع لن يفوتني أن أشكر الرفيقة إيمان إبراهيم والأحبة الأربعة محمد وعلي وعبدالله ويحيى كباشي الذين أتعبتهم كثيرا في سبيل الحصول على عدد من الكتب التي شكلت بنيان هذا الكتاب.

ثم قبل ذلك كله الحمد والشكر لله الذي وفقني حتى خرج هذا الكتاب على أيدي الناس.

# تقديم

## د. محمد العلي

تعرفت على معنى القراءة خارج إطار المناهج الدراسية، وأثرها على النفس البشرية، لأول مرة في أواسط السبعينات، عندما يممت شطر إسبانيا طلبا للعلم. فبعد زوال دهشتي الأولى من تجربة المترو، واستخدامه في تنقلاتي اليومية، ألفيتني أمام دهشة أكبر؛ في كل رحلة بواسطة هذا القطار المنطلق بسرعة في باطن الأرض، كان ينتصب قبالتي مشهد متكرر، لرجال ونساء وفتيان وفتيات من كل الأعمار، يقتلون الوقت الذي تستغرقه رحلتهم إلى مقاصدهم، وهم يحملون كتابا صغيرا، وفي بعض الأحيان صحيفة.

قراء من كل الأعمار يستعينون بالمعرفة والمتعة الذهنية، لقتل الوقت الذي تستغرقه رحلاتهم اليومية المملة.

تغير ديدن الشعوب المتقدمة، والأقل تقدما على حد سواء، مع دخول البشرية عصر الانترنت ووسائل التواصل، ابتداء من نهاية ثمانينات القرن العشرين. وفي أقل من ربع قرن انقلب المشهد الذي وقعت عليه لأول مرة في إسبانيا، إلى مشهد نقيض يمكن العثور عليها في الصين وقطر والسودان ونيبال والمغرب على حد سواء. رجال ونساء وفتيان وفتيات مسمرون أمام شاشات هواتفهم. وفي بعض الأحيان يواصلون النظر إليها والتمعن فيها، حتى وهم يجتازون طرف شارع إلى ضفته الآخرى.

هذه هي واحدة تجليات العصر الرقمي الذي بات حقيقة نعيشها في كل ساعة، وفي كل تفاصيل حياتنا وعلاقاتنا الإنسانية، التي باتت هواتف النقالة وسيطا دائما فيها حتى داخل الأسرة الواحدة.

يحاول عثمان كباشي في كتابه هذا، مساعدتنا نحن القراء على فهم المصيدة التي وقعنا فيها منذ تسلسل العصر الرقمي في حياتنا اليومية، محدثا تحولا هائلا في مشاعرنا وعلاقاتنا الإنسانية.

بتلخيصه لأكثر من عشرة من المصادر المعرفية التي تتناول العصر الرقمي، قدم عثمان كباشي مساهمة تستحق الاهتمام، رغم أنها اقتصرت على نتف من كل كتاب قرأه، وهو الشغوف بمتابعة كل ما ينشر باللغة الإنكليزية في عالم الاعلام والانترنت.

هذا ما ميز عثمان عن سائر الصحفيين الذين تعرفت بهم عام 2004 عندما انتقلت من عالم الاعلام الورقي إلى الإلكتروني، وعملت إلى جانبه في الجزيرة نت. وهو في كتابه الأول يسعى إلى تعميم المعرفة التي راكمها علّنا نستفيد ونتعظ، نحن قراء العربية في مشارق الأرض ومغاربها.

# مقدمة المؤلف

كيف تبدو الحياة في العصر الرقمي؟ وما هي مخاطر التحول الرقمي على حياة الناس؟ هذا السؤال العميق والكبير كان عنوانا لتقرير شامل صدر في فبراير عام 2019 عن المنظمة الدولية للتعاون والتنمية الاقتصادية[1].

ركز تقرير المنظمة المذكورة (صدر بعشر لغات ليس من بينها العربية) على 11 بعدا مهما في حياة الناس هي: الدخل والثروة، الوظائف والأرباح، الإسكان، الحالة الصحية، التعليم والمهارات، التوازن بين العمل والحياة، المشاركة المدنية والحكم، العلاقات الاجتماعية، الجودة البيئية، الأمن الشخصي، والرفاه الشخصي.

وقد خلص التقرير إلى أن للتحول الرقمي حوالي 39 أثرا على حياة الناس، وأن هذه التأثيرات يمكن أن تكون إيجابية حيث تعمل التقنيات الرقمية على توسيع حدود توفر المعلومات وتعزيز الإنتاجية البشرية، ولكنها قد تنطوي أيضا على مخاطر على رفاهية الأشخاص، بدءا من التسلط عبر الإنترنت إلى ظهور معلومات مضللة أو القرصنة الإلكترونية.

لكن وقبل هذا التاريخ تساءل الكثيرون عن تأثير الثورة الرقمية والتحولات التي أحدثتها على كافة مناحي حياة الناس، سواء من النواحي الإيجابية أو السلبية.

وربما لا أحد ينكر أن للثورة الرقمية فوائد جمة أثرت على الكثير من مناحي حياة الناس، وفي أحيان كثيرة يسرت طرق عيش البشر

---

[1] https://www.oecd.org/social/how-s-life-in-the-digital-age-9789264311800-en.htm

في مختلف الأصعدة، سواء تعلق الأمر بالمجال السياسي أو الاقتصادي أو الثقافي.

لكن بالمقابل كان للتحول الرقمي العديد من الأوجه السالبة التي أثرت على حياة الناس وطرق معيشتهم.

وقد كان التأثير السلبي لوسائل التواصل على حياة الناس مجالا للعديد من الدراسات، وقد صدرت في السنوات الأخيرة العديد من الكتب التي تناولت ذلك.

والكتاب الذي بين يديك عزيزي القارئ هو عصارة لأكثر من عشرة كتب صدرت في السنوات الثلاثة الماضية، كان موضوعها العام تأثير العصر الرقمي على حياة البشر، وقد حاول بعضها تقديم جوانب مضيئة للعصر الرقمي وتحولاته التي أثرت وتؤثر في الكثير من مناحي الحياة، بيد أن معظمها تناول بالنقد الشديد الجوانب السلبية لأبرز منتجات هذا العصر، ألا وهي منصات التواصل الاجتماعي وما تقدمه من محتوى.

فالبروفيسور فيدياناثان مؤلف كتاب **"كيف يساهم فيسبوك في قطع العلائق بين الناس وتقويض الديمقراطية"؟** لا يرى في هذه المنصة إلا الشرور، إذ يقول "إن كنت ترغب في بناء آلة من شأنها أن تنشر الدعاية لملايين الأشخاص، وتشتت انتباههم عن القضايا المهمة، وتعمل على تغذية الكراهية والتعصب، وتساهم في تآكل الثقة الاجتماعية، وتقوض الصحافة المحترمة، وتشجع الشكوك في العلوم، وتنخرط في مراقبة شاملة للبشر، فإنك حتما ستصنع شيئا يشبه فيسبوك تماما".

وهو هنا يصطف مع رأي ينسب للفيلسوف والروائي الإيطالي أمبرتو إيكو، الذي يلقي باللائمة على الإنترنت "التي أتاحت لبعض الناس إمكانية أن يقولوا ما يرونه".

يرى أمبرتو إيكو أن "أدوات مثل تويتر وفيسبوك تمنح حق الكلام لفيالق من الحمقى ممن كانوا يتكلمون في الحانات فقط بعد تناول

كأس من النبيذ، دون أن يتسببوا بأي ضرر للمجتمع، وكان يتم إسكاتهم فورا. أما الآن فلهم الحق في الكلام مثلهم مثل من يحمل جائزة نوبل.. إنه غزو البلهاء".

وقد اختلف كثيرون مع وجهة النظر تلك المنسوبة إلى إيكو، إذا يرون أن الحق في التعبير حق إنساني أصيل، ولا يمكن أن تمنعه بحجة أن ثمة من يسيء حق التمتع به.

وثمة صورة أخرى للتأثير السلبي للثورة الرقمية نجدها في الكتاب الثاني الذي نلخصه ضمن كتب أخرى في هذه السطور، ويحمل الكتاب عنوان **"سيلفي.. كيف أصبح الغرب مفتونا بالذات؟"** وتقوم أطروحة الكتاب المذكور على أن الثورة الرقمية ومنتجاتها كرست نوعا من السلوك الإنساني يعطي قيمة كبرى للذات التي يريد صاحبها دائما أن يظهر بالمظهر الذي يجلب له الإعجاب والثناء ممن يعيش ويتفاعل معهم عبر العوالم الافتراضية. ويأخذنا المؤلف في رحلة طويلة عبر سطوره، يرينا فيها نماذج لذلك الهوس الذي يقود أصحابه في أحيان كثيرة إلى الموت، رغم أنهم سلكوا دروبا كانوا يعتقدون أنها سترسو بهم في مرافئ آمنة، تشبع جوعهم ونهمهم للتقدير والإعجاب.

والكتاب الثالث في السلسلة المنتقدة للعصر الرقمي وتحولاته يحمل عنوان **"البشر في مواجهة التكنولوجيا: كيف تقضي الإنترنت على الديمقراطية؟"**. وتقوم فكرته الأساسية على تبصيرنا بما سماه المؤلف مخاطر الثورة الرقمية، ويقدم لنا فيه حلولا ملموسة حول كيفية حماية خصوصيتنا الشخصية، بل وحماية العملية الديمقراطية نفسها من تلك المخاطر.

وبحسب المؤلف فقد كان المنتظر من الثورة الرقمية ووليدها المحظوظ الإنترنت أن تطلق سراح البشر وتمنحهم المزيد من الحرية.

لكن -يتساءل المؤلف- هل سلّمنا عن غير قصد الكثير مما نملك لقوى

غامضة تختبئ وراء جدار الشفرة؟، وهل تم التلاعب بكل ذلك من قبل حفنة من الرجال الخياليون في وادي السليكون؟، رجال الإعلان وأصحاب رؤوس الأموال المغامرة؟

في الكتاب الرابع **"الكل يكذب.. كيف تجيب الإنترنت عن سؤال من نحن؟"** يتطرق المؤلف إلى ما سماه سطوة البيانات الضخمة على حياتنا، ويفصل في ثيمة تأثير البيانات الضخمة التي وفرتها ثورة المعلومات على حياة الناس. وينطلق من سؤال لماذا يكذب الناس في الحياة العامة؟ بينما سلوكهم على شبكة الإنترنت يحدث عن توجهاتهم ومشاعرهم الحقيقية التي لا يريدون لها أن تعرف، وأن تظل طي الكتمان؟

ويخبرنا المؤلف في صفحات الكتاب أن الكل يكذب.. ولكن عند غوغل الخبر اليقين. ويتساءل: هل أصبح غوغل ونظائره من محركات البحث كرسي الاعتراف الحديث الذي يسر إليه البشر طائعين بما يخفونه من مشاعر حقيقية عن الآخرين؟

أما الكتاب الخامس وعنوان **"فخ الإنترنت.. كيف يبني الاقتصاد الرقمي الاحتكارات ويقوض الديمقراطية"** فهو أيضا يذهب في نفس اتجاه الكتب السابقة، ويسعى لتوضيح مستوى السيطرة المذهلة التي تمارسها منصات وسائل التواصل الاجتماعي الرئيسية على الخطاب السياسي وما يعنيه ذلك لعملية الديمقراطية.

ويرى ماثيو هندمان في كتابه الصادر عن دار جامعة برينستون الأميركية أن ثمة فخ للإنترنت وقع فيه كثيرون، وهو هنا يبحث تحديدا في ظاهرة الاحتكارات الرقمية التي ترفع علمها شركات كبرى مثل غوغل وفيسبوك، والتي تجني بموجبها الأرباح الهائلة من الأنشطة التي يمارسها البشر على الإنترنت.

الكتاب السادس يحاول النظر في وضع العالم العربي في ظل العصر الرقمي، ويحمل الكتاب عنوان: **"تسريبات، قرصنة وفضائح: الثقافة العربية في ظل العصر الرقمي"** وهو للمؤلف

اللبناني طارق العريس، وقد صدر في أوائل ديسمبر 2018 عن دار نشر جامعة برينستون الأميركية. ويبحث الكتاب في التغييرات التي أحدثتها وسائل الإعلام الرقمية في مجالات الأدب والسياسة والثقافة في العالم العربي. ويركز على المواجهة بين الناشطين العرب والأنظمة الاستبدادية في الشوارع وعلى أثير الإنترنت.

أما الكتاب السابع فيتناول تأثير العصر الرقمي على الاقتصاد عبر ظهور ما يعرف بالاقتصاد غير الملموس، والكتاب عبارة عن تقرير شامل عن تزايد هيمنة الاقتصاد غير الملموس، ويرى مؤلفاه أن ثمة ثورة اقتصادية هادئة حدثت في أوائل القرن الحادي والعشرين، تمثلت في توجه الاقتصادات الكبرى في الدول المتقدمة نحو الاقتصاد غير الملموس، وذلك عبر الاستثمار وبشكل أكبر في قطاعات مثل التصميم، البرمجيات، العلامات التجارية وغيرها، مقارنة بالأصول الملموسة مثل الآلات والمباني وأجهزة الكمبيوتر.

الكتاب الثامن يتطرق لعدد من الأسئلة مثل هل ثمة علاقة ما بين صعود دونالد ترامب إلى سدة السلطة في الولايات المتحدة الأميركية وتفشي ما يعرف بظاهرة الهراء والتفاهات؟ ما دور وسائل التواصل الاجتماعي في انتشار الأخبار الزائفة؟ لماذا أصبحت الحقيقة الضحية الكبرى؟ ولماذا فشلت وسائل الإعلام المحترفة في التصدي لكل ما تمت الإشارة إليه؟

هذه الأسئلة وغيرها يحاول كتاب **"ما بعد الحقيقة... كيف سيطر الهراء على العالم؟"** الذي صدر في بريطانيا عام 2017، البحث عن إجابات لها وسبر أغوارها.

ويبحث الكتاب التاسع وعنوانه "أخبار زائفة.. المعركة بين الطغاة ووسائل الإعلام" في العلاقة ما بين وسائل الإعلام والسلطة. ويورد المؤلف أن الإهانات والشتائم والعبارات من شاكلة "أخبار زائفة" "صحافة غير شريفة" "عنصري" "غير مستقر عقليا" المتبادلة بين بعض معظم وسائل الإعلام الأميركية والرئيس

الأميركي دونالد ترامب في الوقت الراهن، ليست وليدة اليوم بل ثمة أحداث مشابهة وأمثلة كثيرة يحفل بها تاريخ العلاقة بين السلطة ووسائل الإعلام.

أما الكتاب العاشر والأخير في هذه المجموعة المختارة وهو بعنوان **"تجار الحقيقة.. صناعة الأخبار في العصر الرقمي والمعركة من أجل الحقائق"** فيركز على حال الصحافة الأميركية في ظل العصر الرقمي، انكساراتها وانتصاراتها، مؤلفته جيل أبرامسون، شاهدة على تلك الحال، وحاضرة في معارك عديدة في ذلك الشأن، بل كانت هدفا لبعض هذه المعارك. فقد شغلت منصب رئيس تحرير صحيفة نيويورك تايمز الشهيرة في الفترة من 2011 وحتى 2014 كأول امرأة تشغل هذا المنصب منذ صدور الصحيفة قبل 160 عاما.

ويركز عبر فصوله الثلاثة عشر على مسيرة أربع مؤسسات إعلامية أميركية خلال العقدين الماضيين، اللذين شهدا ما يمكن تسميته بالاضطراب الإعلامي، وهي الفترة التي بدأت بوصول ثورة الإنترنت، وشهدت انهيار نماذج الإعلام التقليدية، حيث لم تتمكن سوى قلة قليلة من المؤسسات الإعلامية التقليدية من إيجاد سبل للبقاء على قيد الحياة، ناهيك عن الازدهار.

**عثمان كباشي**
الدوحة – يونيو/ حزيران 2020

## الكتاب الأول: سيفا فايدياناثان.. عن فيسبوك وغزو البلهاء

**وسائل التنافر: كيف يساهم فيسبوك في قطع العلائق بين الناس ويقوض الديمقراطية؟[2]**

المؤلف: شيفا فيدياناثان
تاريخ الصدور: مايو 2018
دار النشر: جامعة أوكسفورد
عدد الصفحات: 276

هذا كتاب في نقد عملاق وسائل التواصل الاجتماعي فيسبوك، يشرح فيه المؤلف شيفا فيدياناثان ما سماه بالتهديد الذي تمثله هذه المنصة الأشهر على البشرية، ويقترح في فصول الكتاب السبعة كيفية ترويض فيسبوك، واتقاء شره.

ويقدم الكتاب عددا من المقترحات لمواجهة المشاكل التي تأتي من وسائل التواصل الاجتماعي وتؤثر على مجتمعاتنا.

يفتتح المؤلف كتابه بمقدمة مثيرة يقول فيها: "إن كنت ترغب في بناء آلة من شأنها أن تنشر الدعاية لملايين الأشخاص، وتشتت انتباههم عن القضايا المهمة، وتعمل على تغذية الكراهية والتعصب،

---

[2] Antisocial Media:
How Facebook Disconnects Us and Undermines Democracy
Hardcover – June 12, 2018
by Siva Vaidhyanathan
Oxford University Press
رابط الكتاب على متجر أمازون
https://www.amazon.com/Antisocial-Media-Disconnects-Undermines-Democracy/dp/0190841168

وتساهم في تآكل الثقة الاجتماعية، وتقوض الصحافة المحترمة، وتشجع الشكوك في العلوم، وتنخرط في مراقبة شاملة للبشر، فإنك حتما ستصنع شيئا يشبه فيسبوك تماما.

ويبدو أن مقدمة المؤلف أعلاه تتساوق مع قول ينسب للفيلسوف والروائي الإيطالي الراحل أمبرتو إيكو: "إن أدوات مثل تويتر وفيسبوك تمنح حق الكلام لفيالق من الحمقى ممن كانوا يتكلمون في الحانات فقط بعد تناول كأس من النبيذ، دون أن يتسببوا بأي ضرر للمجتمع، وكان يتم إسكاتهم فورا. أما الآن فلهم الحق بالكلام مثلهم مثل من يحمل جائزة نوبل.. إنه غزو البلهاء".

لكن بالمقابل، فإن فيسبوك ورغم تلك الصورة التي يرسمها له المؤلف ما يزال يحظى كل يوم بمتابعين جدد، فعلى الرغم من انتهاكه للخصوصية، وعلى الرغم من طفح صفحاته بالأكاذيب والشتائم، وعلى الرغم من الانتقادات الحادة الموجهة له من السياسيين والصحافة، يستمر فيسبوك في امتصاص قدر هائل من وقت الإنسانية واهتماماتها.

وقد أظهر أحدث تقرير للشركة، صدر بعد فضيحة "كامبريدج أناليتيكا" وحملة "ألغوا فيسبوك" أن المنصة جذبت ملايين الأعضاء الجدد وارتفعت لديها مبيعات الإعلانات.

### خطايا فيسبوك

يقدم مؤلف الكتاب الأستاذ بجامعة فيرجينيا سيفا فايديا ناثان محاسبة كاملة ودقيقة لخطايا فيسبوك، وسيكون معظم هذا النقد مألوفًا لأي شخص يتابع أخبار فيسبوك. ولكن ما يميز الكتاب بحسب الصحفي الأميركي نيكولاس كار مؤلف كتاب **"الضحالة: ماذا تصنع الإنترنت بعقولنا؟"** هو مهارة المؤلف في وضع ظاهرة وسائل التواصل الاجتماعي في سياق أوسع - قانوني وتاريخي وسياسي.

ويضيف كار أن "انتقاد المؤلف لفيسبوك حاد، بيد أنه متوازن... لقد كشف عن بعض المزاعم الأكثر تطرفًا حول تأثير وسائل التواصل الاجتماعي على الرأي العام.

وبعد صياغة المؤلف لسؤال الكتاب في المقدمة، يصف في الفصول التي تلي ما سماه بخطايا فيسبوك، ويفصل الآلية التي يعمل بها فيسبوك في عقول البشر، خاصة ما يتصل بالمتعة والمراقبة والانتباه والاحتجاج والسياسة والتضليل.

**بعض الحلول وإن كانت صعبة**

يقدم المؤلف بعض الحلول، ولكنها ليست تلك التعديلات البسيطة التي يقترحها فيسبوك، ويعترف أنه لا توجد وسيلة في هذه المرحلة تعمل على إعادة صياغة نظام أساسي يكافئ التفاعل السريع أو العاطفي أو الضحل أو يهدئ المحتوى، ويضمن أن ملياري شخص هم سكان دولة الفيسبوك يمكن أن يحسنوا من سلوكهم بأنفسهم. ويقترح المؤلف "نحن بحاجة لدعم المؤسسات التي تولد المعرفة وتطوير المنتديات الممولة من القطاع العام للمناقشة والتداول.. نحن بحاجة إلى تدخلات حكومية يصعب تخيلها في الوقت الحالي، ولكن ليس من دون سابقة تاريخية.. نحن بحاجة للعمل عبر الحدود لجعل هذه الخطوات متعددة الجنسية إن لم تكن عالمية... ونحن بحاجة للقيام بذلك في وقت قريب".

**أبرز ما جاء في فصول الكتاب**

ينقلنا المؤلف في الفصل الأول إلى مشهد بات مألوفا لدينا تقريبا، وهو تشبث المسافرين على متن الطائرات بهواتفهم النقالة، أو تسمرهم أمام الشاشات المثبتة على مقاعد الطائرة.

يقول الكاتب إنه تعمد في إحدى سفراته الطويلة أن يتلصص على الركاب ليرى ماذا يشاهدون أو يفعلون، فكان أن وجد أن الجميع

تقريبا منشغل بلعبة "كاندي كراش" التي دشنها فيسبوك منذ بداية الرحلة وحتى نهايتها. ويتساءل الكاتب ما الذي توفره تلك اللعبة؟ هل ثمة فائدة أو سعادة ما يحصل عليها اللاعبون؟ أم هي متعة عابرة؟

وبعد نقاش مستفيض يخلص المؤلف في هذا الفصل إلى أن فيسبوك يمكن وصفه بأنه ماكينة متعة، ولكنها متعة خفيفة وعابرة، وهذا ما يجعل الناس يعودون إليه كلما ابتعدوا عنه، وهو إلى جانب ذلك ماكينة استياء، استياء عميق ومستمر.

في الفصل الثاني يعرض لنا المؤلف وجها آخر من وجوه فيسبوك، وهو كونه ماكينة للرقابة والتحرش. وينقل المؤلف العديد من القصص والمواقف التي انتهكت فيها خصوصية الأفراد وخاصة النساء، والعاملات منهن على وجه الخصوص، واللائي تم تصويرهن في مواقف مختلفة بواسطة زملائهن وعرضت تلك الصور على صفحات فيسبوك. ورغم أن هذه الصور يجري مسحها بعد تقديم الشكاوى إلا أن العديد منها يجد طريقه إلى ذاكرة هواتف البعض.

في الفصل الثالث يتحدث المؤلف عن وصف آخر لفيسبوك، وهو كونه ماكينة للشهرة وجذب الانتباه، ويذكرنا بحادثة ما عرف عام 2105 بتحدي "دلو الثلج" التي بدأت بظهور أحد المشاهير وهو يتلقى حمولة دلو من الثلج على رأسه ضمن إطار حملة لجمع الأموال لإحدى المؤسسات البحثية العلاجية، وما هي إلا أيام حتى انتقلت العدوى إلى الملايين الذين بثوا صورهم على فيسبوك ويوتيوب.

وفي الفصل الرابع ينتقل المؤلف إلى الحديث عن فيسبوك باعتباره "ماكينة خير" وفق ما جاء على لسان مؤسسه مارك زوكربيرغ، الذي يكرر في أحاديثه عن فيسبوك بأنه يسعى لبناء العلاقات بين الناس، ويعمل على أن يكونوا في أمان خاصة في أوقات الكوارث، حيث يشير إلى الخاصية التي تمكن مستخدمي المنصة الذين

يتواجدون في مناطق الكوارث على أن يعلنوا على صفحاتهم أنهم آمنون ولم يصابوا بأذى.

لكن المؤلف يرى أن فيسبوك ورغم تلك الخدمة التي يقدمها لمستخدميه إلا أنه هو المستفيد في نهاية المطاف من أي نشاط يجري على صفحاته.

في الفصل الخامس يستعرض الكتاب دور فيسبوك باعتباره وسيلة لتغذية الاحتجاجات، ويستشهد بما عرف بصفحة "كلنا خالد سعيد" التي ظهرت عقب مقتله من قبل الشرطة المصرية، وكانت الصور التي بثت فيها وتناقلها مستخدمو فيسبوك سببا رئيسيا في تحشيد المصريين وصولا إلى الثورة التي أطاحت بالرئيس حسني مبارك. بيد أن المؤلف ومع إقراره بما قام به فيسبوك من دور في ثورات الربيع العربي، يلفت نظرنا إلى أن فيسبوك لعب نفس هذه الدور ولكن بشكل سلبي عندما أصبح ماكينة لبث الكراهية عندما استخدمته الطغمة الحاكمة في ميانمار في دعايتها ضد مسلمي الروهينغا.

### استفتاء البريكست وفوز ترامب.. فتش عن فيسبوك!

يسمي المؤلف الفصل السادس من الكتاب "ماكينة السياسة" ويفصل فيه كثيرا عن دور فيسبوك في النتيجة غير المتوقعة لاستفتاء خروج بريطانيا من الاتحاد الأوروبي عام 2016، وكذلك الفوز غير المتوقع للمرشح الجمهوري للرئاسة الأميركية دونالد ترامب في العام نفسه على منافسته الديمقراطية هيلاري كلينتون التي كانت كل التوقعات إلى جانبها.

ويفيض المؤلف في ذكر الأسباب التي أدت إلى ذلك، وليس فيسبوك ببعيد عنها، ولعل الجميع يتذكر ما عرف بفضيحة "كامبريدج أناليتيكا". فالشركة المذكورة ووفق ما جاء في الأخبار عنها "حصلت على بيانات نحو 50 مليون مستخدم لفيسبوك من أجل

التأثير على آرائهم قبيل انتخابات الرئاسة الأميركية التي أفضت إلى فوز دونالد ترامب. كما فعلت الأمر نفسه قبيل التصويت في استفتاء خروج بريطانيا من الاتحاد الأوروبي.

و"كامبريدج أناليتيكا شركة خاصة تعمل في مجال جمع البيانات وتحليلها، ومساعدة السياسيين في الحملات الانتخابية عبر دراسة توجهات الناخبين والتنبؤ بسلوكهم، وتحليل البيانات المتعلقة بهم، ودراسة طرق التأثير عليهم. وتستخدم الشركة -وفق وسائل إعلام غربية- طرقا غير أخلاقية في دعم المرشحين السياسيين، بما فيها الترويج للأخبار الكاذبة أثناء الحملات الانتخابية".

ونصل إلى الفصل الأخير من الكتاب وهو السابع، ويخصصه المؤلف للحديث عن فيسبوك باعتباره ماكينة للتضليل. وفي هذا الفصل لا يبتعد المؤلف كثيرا عن الفصل السابق فالحكاية ذاتها تتكرر هنا، ويستفيض الكاتب في ذكر الوقائع التي تدعم وجهة نظره.

فإلى جانب انتشار ما يعرف بالأخبار الزائفة على صفحاته، مثله مثل بقية وسائل التواصل الأخرى، فإن فيسبوك نفسه كشف عام 2016 عن تدخل جهات روسية بشراء إعلانات كانت مليئة بالدعاية المضادة للمرشحة الديمقراطية هيلاري كلينتون، واستهدفت بها قطاعات كبيرة من الناخبين الأميركيين لترجيح فوز المرشح الجمهوري دونالد ترامب، ويبدو أن تلك الجهات الروسية نجحت في أن تركب على ماكينة التضليل التي وفرها فيسبوك لتبلغ مقصدها.

## الكتاب الثاني: "سيلفي" وهوس الكمال المطلَق

### سيلفي.. كيف أصبح الغرب مهووسا بالذات؟[3]

المؤلف: ويل ستور
تاريخ الصدور: يونيو/ حزيران 2018
دار النشر: دار بيكادور البريطانية
عدد الصفحات:403

الكتاب الذي نعرضه في السطور التالية يتطرق لظاهرة مهمة أصبحت تسيطر على كل المجتمعات تقريبا، وإن بدت أكثر وضوحا في المجتمعات الغربية كما يشير إلى ذلك عنوان الكتاب، إنها ظاهرة الانشغال المتلاحق بكمال الذات وفق محددات معينة أصبحت هي المعيار الأوحد للنجاح بحسب مؤلف الكتاب البريطاني ويل ستور.

هذا الكتاب وصفته صحيفة الغارديان البريطانية بأنه "ساحر" وقالت عنه الفايننشال تايمز بأنه "صاعق". واعتبرته "الصنداي تايمز" مثيرا للاهتمام بدرجة كبيرة.

يؤكد المؤلف في سطور كتابه على الحقيقة التي باتت معروفة للجميع تقريبا وهي أننا نعيش في عصر الفرد، هذا العصر الذي من المفترض أن يكون فيه الشخص نحيلا، مزدهرا، سعيدا ومنفتحا، وتلك هي الصورة السائدة عن الذات المثالية.

وهذا الشخص يمكن أن نجده في كل مكان: في الإعلانات، في الصحافة، في جميع وسائل التواصل الاجتماعي. وبحسب الكتاب فقد

---

[3] Selfie: How We Became So Self-Obsessed and What It's Doing to Us
By Will Storr
403 pp. The Overlook Press.
**رابط الكتاب في موقع أمازون**
https://www.amazon.com/Selfie-Became-Self-Obsessed-What-Doing/dp/1468315897

قيل لنا أنه لكي تكون هذا الشخص، عليك فقط أن تتبع أحلامك، فإمكاناتك لا حدود لها، وأنت مصدر نجاحك الخاص.

لكن هذا النموذج من الذات المثالية يمكن أن يكون خطيراً للغاية، فالناس يعانون تحت تعذيب هذا الخيال المستحيل، حيث يؤدي الضغط الاجتماعي غير المسبوق إلى زيادة الاكتئاب والانتحار. من أين تأتي هذه المثالية؟ لماذا الهوس بها قوي إلى هذه الدرجة؟ هل ثمة طريقة لكسر هذه التعويذة؟

للإجابة على هذه الأسئلة، يأخذنا كتاب "سيلفي" في رحلة طويلة إلى شواطئ اليونان القديمة ومرورا بالعصور الوسطى وما بعده وصولا إلى النيوليبرالية والفردية المفرطة التي يعيش فيها الناس الآن. إنه يروي القصة الاستثنائية لما نعرفه جميعنا وبشكل وثيق، قصة النفس المتعبة الباحثة عن الكمال المطلق.

### الصورة المميتة

يقدم لنا المؤلف في سطور كتابه نماذج عديدة من نماذج الافتتان بالذات، مثل تلك المرأة الشابة التي اعتادت أن تنشغل طوال اليوم بالتقاط صور "سيلفي" لتضعها على صفحتها في منصة انستغرام مع تعليقات تتمحور حول الذات انتظارا لكلمات التقدير والإعجاب من الأقارب والأصدقاء الذين يتابعونها. ويرجع المؤلف هذه النرجسية الزائدة لدى تلك المرأة إلى الدلال الزائد الذي يعامل به بعض الآباء أبنائهم.

ونموذج التقاط صور السيلفي ليس مريحا في كل الأوقات، وعوضا عن أن يحقق لصاحبه ما يرغب به من إشباع فقد يكون سببا في موته، وقد ذكرت إحدى الدراسات أن ضحايا هذه الظاهرة بلغ في السنوات الست الماضية 259 قتيلا، قضوا بسبب إصرارهم على التقاط صور السيلفي على المنحدرات والمناطق الخطيرة وقرب خطوط السكك الحديدية.

### الذات الميتة.. الذات القبلية.. الذات الكاملة

يفتتح المؤلف كتابه بالفصل رقم صفر الذي اختار له عنوان "الذات الميتة" ويبدأ الفصل بحكاية عن "ديبي" تلك المرأة التي حاولت الانتحار بسبب معاناتها مما يعرف بـ"احترام الذات المتدني" وهي حالة لازمتها منذ الطفولة حتى أوصلتها إلى ما يعرف بـ"كراهية" الذات بحسب الرسالة التي تركتها على حاسوبها.

ويورد حكايات أخرى لأشخاص على علاقة بالانتحار، إما أنهم حاولوه وكتبت لهم النجاة، أو كانوا على علاقة بآخرين انتحروا. ويقول إن ثمة ما يجمع بين تلك الحالات، وهو أن جميع أصحابها كانوا ضحايا لما يمكن تسميته بالبحث عن نموذج الكمال. فجميعهم كانوا يسعون ليكونوا ذلك الإنسان الكامل، لكنهم وعندما لم ينجحوا في تحقيق ما كانوا يتوقون إليه آثروا الانسحاب من السباق بكامله عن طريق مغادرة الحياة.

ولأن الهوس بالذات سلسلة مترابطة تقود في النهاية إلى شيء واحد وهو انشغال معظم الناس هذه الأيام بذواتهم، يحدثنا المؤلف في الفصل التالي الذي حمل الرقم واحد عن ذات أخرى هي الذات القبلية. ويقول إن البشر بطبعهم قبليون تسيطر عليهم قيم المكانة، ويستميتون في الصعود إلى قمة الهرم الاجتماعي لإشباع الجوع إلى الشهرة والسمعة، ولا يهمهم نوعية الوسيلة التي توصلهم إلى ذلك المبتغى.

في الفصل الثاني الذي حمل عنوان الذات الكاملة يقرأ المؤلف وبعمق في دلالات هوس معظم الناس بالشكل الذي يبدون عليه، فالكثيرون مثلا يهربون وبشتى الوسائل من الوزن الزائد. وثمة من يربطون بين مظهر الإنسان والقيم الأخلاقية، حين ينظرون مثلا إلى ذوي الأوزان الزائدة وكأنهم خالفوا قوانين الأخلاق عندما لم يهتموا بالرشاقة.

ويجد المؤلف في ثنايا التاريخ ما يشير إلى قدم هذه النظرة، فقدماء

الإغريق كانوا يعتبرون أن أصحاب المظهر الجميل بالضرورة يتمتعون بأخلاق راقية، والعكس بالعكس.

وفي فصلي الذات السيئة والذات الجيدة، يحاول المؤلف ومن خلال إجراء عدد من المقابلات مع متخصصين في التحليل النفسي، أن يصل لإجابات لعدد من الأسئلة عن سعي الكثير من الناس إلى الوصول لما يسمونه بدرجة الكمال عبر العديد من تصرفاتهم.

ويشدد على أنه وفي أطروحاته يسعى للحصول على إجابات عن لماذا يحرص بعض الناس مثلا على اقتناء السيارات واليخوت الفاخرة؟ وهل هم فعلا بحاجة فعلية إلى امتلاكها وامتلاك أشياء أخرى شبيهة؟ ويصل المؤلف إلى أن الكثيرين فعلا قد يسعون إلى امتلاك ما لا يحتاجونه وعبر حالة من الرهق والمعاناة، ولكنهم يتحملون كل تعب من أجل أن يقولوا للآخرين: نحن هنا.. نحن أفضل منكم بما لدينا.

### الذات المميزة... الذات الرقمية

في فصل الذات المميزة يذكرنا المؤلف بحكاية الفتاة الروسية أليسا روزنباوم التي ستصبح أيان راند عندما تهاجر إلى الولايات المتحدة. عاشت هذه الفتاة أحداث ثورة البلاشفة عام 1917 وهي في الثانية عشر من عمرها، حيث شهدت مصادرة كل أملاك عائلتها البرجوازية، التي لم يترك لها الثوار ما تعتاش عليه، لكن هجرتها إلى بلاد العم سام تفتح لها الأبواب، حيث أصبحت من المساهمين في الحركة الثقافية هناك، وقد خرجت بأفكار طغت عليها تجربتها القاسية في روسيا، ودعت لأن يسعى الناس إلى تمييز أنفسهم، وأن يكون الحق الأول في الحياة لمكافأة الذات.

في حديثه عن الذات الرقمية يأخذنا المؤلف في رحلة عبر التاريخ إلى العام 1968، إلى بدايات أفكار الكمبيوتر الشخصي الذي غير كثيرا من المفاهيم وطرق العمل، بل غير وبشكل كبير الطريقة التي

نعيش بها حياتنا، وأحدث تحولات كبرى وعلى كل المستويات، في الاقتصاد وفي السياسة وفي الثقافة.

ويسرد المؤلف العديد من الأحداث التي انطلقت منذ ذلك التاريخ وأسست للكثير من أركان العصر الرقمي الذي نعيشه الآن ونتمتع بثماره، لكنه ينظر إليها من زاوية تلبية متطلبات حياتية تسهم هي الأخرى في تكريس الفردية وعبادة الذات.

**الطموح القاتل**

يختتم المؤلف كتابه بسؤال كبير عن كيفية تأقلم الإنسان مع هذه الأفكار والمفاهيم التي تعلي من شأن الفردية وتشدد وبشكل متطرف على مبدأ الإنسان الكامل؟

وينقلنا في الفصل الأخير من الكتاب إلى قصة أخرى من قصص ضحايا الطموح اللامحدود والبحث الذي لا يعرف الراحة عن الكمال المطلق. إنها قصة الشاب الأميركي أوستن هاينز أحد عباقرة المزاوجة بين التكنولوجيا والتطور العلمي، الذي وجد جثة هامدة في معمله في مايو 2015.

وبعد الفحص والتقصي عن سبب انتحاره تم التوصل إلى أنه عانى كثيرا من حملة إعلامية قللت من بعض أفكاره العلمية واعتبرتها مثيرة للجدل، ولأنه من الكائنات التي لا تكل ولا تتعب من البحث عن الكمال المطلق، لم يحتمل تلك الحملة واعتبر نفسه ذاتا فاشلة لا تستحق الحياة، فكان أن كتب نهايتها بيده.

## الكتاب الثالث: "البشر في مواجهة التكنولوجيا": صناعة المصائر في وادي السيليكون

### البشر في مواجهة التكنولوجيا: كيف تقضي الإنترنت على الديمقراطية؟[4]

المؤلف: جيمي بارليت
تاريخ الصدور: أبريل/نيسان 2018
دار النشر: إيبوري برس البريطانية
عدد الصفحات: 242

البشر في مواجهة التكنولوجيا: كيف تقضي الإنترنت على الديمقراطية؟ هذا سفر آخر يمكن تصنيفه ضمن مجموعة كبيرة من المؤلفات التي ظهرت مؤخرا في الغرب وأطروحتها الرئيسية هي نقد ظاهرة الثورة الرقمية بكل منتجاتها من شركات تكنولوجية ضخمة بمنصات يؤمها مليارات البشر في كل يوم، وتبحث هذه الكتب في الآثار السلبية لأنشطة تلك الماكينة على الناس، وتحاول تقديم الحلول للخروج مما تسميه مأزق العصر الرقمي.

يشرح المؤلف جيمي بارليت في هذا الكتاب ما سماه مخاطر الثورة الرقمية، ويقدم حلولا ملموسة حول كيفية حماية خصوصيتنا الشخصية، بل وحماية العملية الديمقراطية نفسها من تلك المخاطر.

وبحسب المؤلف فقد كان المنتظر من الثورة الرقمية ووليدها المحظوظ الإنترنت أن تطلق سراح البشر وتمنحهم المزيد من

---

[4] The People vs Tech
Jamie Bartlett
published by Ebury Press
رابط الكتاب في موقع أمازون
https://www.amazon.co.uk/People-Vs-Tech-internet-democracy/dp/1785039067

الحرية.

لكن -يتساءل المؤلف- هل سلّمنا عن غير قصد الكثير مما نملك لقوى غامضة تختبئ وراء جدار الشفرة؟، وهل تم التلاعب بكل ذلك من قبل حفنة من الرجال الخياليون في وادي السليكون؟ رجال الإعلان وأصحاب رؤوس الأموال المغامرة؟

ويضيف المؤلف صاحب كتاب آخر بعنوان "الإنترنت المظلم" في ضوء المعلومات الأخيرة التي أفضت إلى فضائح حول شركات مثل "فيسبوك" و"كامبريدج أناليتيكا"، ما الذي يعنيه ذلك بالنسبة للديمقراطية، نظام الحكم المتوازن بدقة والذي تم تبنيه قبل وقت طويل من سطوة البيانات الضخمة والمعلومات الكلية والذكاء الاصطناعي؟

**غرباء يغيرون العالم**

ويجادل جامي بارتليت بأنه من خلال احتضاننا الكبير للتكنولوجيا الضخمة، يتم إزالة اللبنات الأساسية للديمقراطية وببطء، وتتآكل الطبقة الوسطى، وتضعف السلطة السيادية والمجتمع المدني، ويفقد البشر قدراتهم النقدية، وربما حتى إرادتهم الحرة.

ويسرد بشكل مفصل كيفية التهديد الذي يعانيه نظامنا السياسي الهش من قبل الثورة الرقمية التي استطاعت أن تصرعه في كثير من المواجهات. ويجترح المؤلف عددا من الحلول لمواجهة ذلك التهديد من خلال دعم ست ركائز أساسية للديمقراطية لكي ننقذها قبل فوات الأوان، يقول معددا مقترحاته للحل "نحتاج لأن نصبح مواطنين ناشطين، وأن ندعم ثقافة ديمقراطية مشتركة، وأن نحمي الانتخابات الحرة، ونعزز المساواة، ونحمي الحريات التنافسية والمدنية، ونثق في السلطة السيادية".

ويبين بارليت الذي لديه كتاب ثالث بعنوان: "الراديكاليون.. غرباء يغيرون العالم" أنه ما لم نغير مسارنا جذريًا، فإن الديمقراطية

ستنضم إلى الإقطاع، والنظم الملكية والشيوعية باعتبارها مجرد تجارب سياسية أخرى اختفت بهدوء".

### فصول الكتاب

يعالج المؤلف موضوع الكتاب في ستة فصول، يتناول كل منها تأثيرات التكنولوجيا على أحد أركان الديمقراطية التي يعتقد الكاتب أنها عرضة لهزات كبيرة. ويركز الفصل الأول على تأثير البيانات في الإرادة الحرة للبشر، أما الفصل الثاني فينظر في الأثر الناتج عما يعرف بكثافة البيانات على البشر.

ويوضح الكاتب في الفصل الثالث كيفية تغيير التحليلات الرقمية لنتائج الانتخابات بطرق لم يفهمها الناس بعد، أما الفصل الرابع فيقدم رؤية واقعية لمستقبل الذكاء الاصطناعي.

وفي الفصول الأخيرة من الكتاب يتناول المؤلف الصعوبات الناتجة عن الجانب الاحتكاري لشركات التكنولوجيا المشهورة والتي تتخذ من وادي السليكون في الولايات المتحدة الأميركية مقرا لها، ثم يناقش المخاطر الناجمة عما سماه بفوضى التشفير التي سمحت للعملات المشفرة الخفية "البتكوين وأخواتها" بأن تكون قادرة على التحايل على الحكومات على نطاق واسع.

### سيطرة شركات التكنولوجيا

ويرى المؤلف أن سيطرة شركات التكنولوجيا الكبرى على مصائر البشر يمثل اتجاها خطيرا هو في الواقع عبارة عن تنازل عن المسؤوليات الاجتماعية الأساسية للآخرين. ويعتقد أن على الدول أن تتدخل في مرحلة من المراحل لسن القوانين ووضع الوسائل التي تعبر عن إرادة الشعب وتحمي حقوق الناس.

وبحسب المؤلف فإن وسائل التواصل الاجتماعي والإنترنت تسهل التفكير السريع والغريزي والعاطفي بدلاً من عمليات التفكير

الهادئة والمنطقية والعقلانية. كما أن هذ الوسائل تيسر مشاركة المحتوى غير المحصن والعاطفي والمزيف في بعض الأحيان وبشكل سريع.

ويجادل بارتليت بأن شركات التكنولوجيا الكبرى استفادت من نقاط الضعف تلك وجعلتها سمة هيكلية لكيفية كسب المال.

وللتذكير فإن وسائل التواصل الاجتماعي لعبت دورا دراماتيكيا في الانتخابات الأميركية التي أتت بالرئيس الأميركي دونالد ترامب إلى البيت الأبيض عام 2016. ففي تلك الانتخابات جرت الإفادة من التقنية بطرق مثيرة للجدل، وأحيانًا غير قانونية، لجمع البيانات عبر الإنترنت.

وهنا تجدر الإشارة إلى ما عرف بفضيحة "كامبريدج أناليتيكا" هذه الشركة البريطانية التي لعبت هي الأخرى دورا محوريا في التلاعب ببيانات فيسبوك لاستهداف الناخبين في الانتخابات الأمريكية لعام 2016.

وفيما يتعلق بجمع البيانات، فإن اهتمام بارتليت الرئيسي هو أن الإعلانات المخصصة للناخبين المحتملين تمنع إمكانية إجراء حوار مشترك في برامج المرشحين السياسية، حيث يتلقى كل فرد رسالته الخاصة. ومع صعود ما عرف باسم "البوتات الروسية" وغيرها من وسائل التضليل عبر وسائل التواصل، فإن بارتليت يشعر بالقلق من تأثير التسويق الرقمي على مصداقية الحملات الانتخابية.

### هل ثمة تضخيم للمشكلة؟

في تقديمها للكتاب المذكور ترى صحيفة الغارديان البريطانية أن الحديث عن تهديد وجودي قوي للديمقراطية والإنسانية على وجه الخصوص من قبل التكنولوجيا والثورة الرقمية، ربما كان فيه نوع من المبالغة. لأن الأزمة التي يحذر منها الكتاب ليست عميقة إلى ذلك الحد الذي تستعصي معه الحلول، وبحسب الصحيفة فإن ما

يطرحه المؤلف من حلول في نهاية الكتاب لا يعدو أن يكون مجرد أفكار، وليس حلولا واضحة وصريحة ومحددة المعالم.

إن العالم اليوم مليء بقصص شركات التكنولوجيا الكبرى التي لا تكاد تخلو منها أي وسيلة إعلام، قصص على شاكلة حكايات القراصنة الذين يتسللون إلى حساباتنا على منصات التواصل المختلفة، وذلك عبر ما يطرحون من معلومات تهدف لتشكيل الراي العام والتأثير في مجريات الأحداث السياسية. ثم هنالك الأحاديث عن الدور المتنامي لمنصة مثل فيسبوك ودورها في تشكيل وعي الناس، وربما تغبيش هذا الوعي من خلال سوق الناس إلى مناطق معينة للتفكير والاهتمام.

وإجمالا فإن ما يحدث عبر الإنترنت أكثر من ذلك بكثير، هو في محصلته النهائية سعي دؤوب لتشكيل المجتمعات على اختلاف جغرافيتها وناسها.

**كيف نحافظ على الديمقراطية؟**

ويختتم المؤلف كتابه باقتراح عشرين فكرة للحفاظ على الديمقراطية من الهجمة الشرسة للتكنولوجيا الرقمية. ويمكن تلخيص هذه الأفكار في: العمل على تكوين الرأي المستقل بعيدا عن أي إملاءات، وخاصة ما يبث عبر وسائل التواصل دون أي رقيب أو حسيب. ويدعو المؤلف في هذا الصدد إلى ضرورة وجود الثقافة الديمقراطية القائمة على الحقائق وروح التوافق، وبحسب المؤلف يقتضي الحفاظ على الديمقراطية من الهجمة الشرسة التي تشنها عليها التكنولوجيا أن تكون الانتخابات حرة ونزيهة وتحظى بثقة الجمهور.

ويؤكد بارتليت في توصياته على ضرورة سيادة المساواة في مجتمعاتنا في ظل وجود طبقة وسطى واعية بدورها، وكذلك لا بد من وجود اقتصاد تنافسي يمنع سيطرة الشركات الاحتكارية،

ومجتمع مدني مستقل، وسلطة سيادية قادرة على انفاذ إرادة الجماهير ومسؤولة أمامها.

# الكتاب الرابع: الكل يكذب: سطوة البيانات الضخمة

## الكل يكذب.. كيف تجيب الإنترنت عن سؤال من نحن؟[5]

المؤلف: سيث ستيفنز - ديفيد ويتز
تاريخ الصدور: (طبعة ثانية) 2018
دار النشر: بلومزبيري البريطانية
عدد الصفحات:338

يبحث هذا الكتاب في تأثير البيانات الضخمة التي وفرتها ثورة المعلومات على حياة الناس. وينطلق من سؤال لماذا يكذب الناس في الحياة العامة؟ بينما سلوكهم على شبكة الإنترنت يحدث عن توجهاتهم ومشاعرهم الحقيقية التي لا يريدون لها أن تعرف، وأن تظل طي الكتمان؟

ويخبرنا المؤلف في صفحات الكتاب أن الكل يكذب.. ولكن عند غوغل الخبر اليقين. ويتساءل: هل أصبح غوغل ونظائره من محركات البحث كرسي الاعتراف الحديث الذي يسر إليه البشر طائعين بما يخفونه من مشاعر حقيقية عن الآخرين؟ يغوص المؤلف في أعماق النفس البشرية الحديثة ليجيب على ذلك السؤال متوسلا بالبيانات التي جمعها من محركات البحث المختلفة وخاصة غوغل.

---

[5] Everybody Lies: Big Data, New Data, and What the Internet Can Tell Us About Who We Really Are?
By: Seth Stephens-Davidowitz
Bloomsbury
رابط الكتاب في أمازون
https://www.amazon.com/dp/B01AFXZ2F4/ref=dp-kindle-redirect?_encoding=UTF8&btkr=1

## فصول الكتاب

يتكون هذا الكتاب من ثلاثة أجزاء ومقدمة وخاتمة، يتناول كل جزء منها عنوانا شاملا تأتي تحته عدد من الموضوعات تغطي الفكرة الأساسية للعنوان. ففي الجزء الأول الذي يحمل عنوان: البيانات ضخمة وصغيرة يشرح المؤلف المصطلحات ويوفر معلومات عن كل مصطلح تعين القارئ على فهم الموضوع فهما شاملا.

وجاء الجزء الثاني تحت عنوان: سلطة أو قوة البيانات الضخمة، وهنا يقدم الكثير عن مفاهيم مثل الجنس والكراهية والغيرة وغيرها. أما الجزء الأخير فيتطرق إلى ما يجب علينا أن نعيه ونحن نتعامل مع البيانات، لأنها قد يتم استخدامها بطريقة يمكن أن تؤذي أصحابها، وهنا يورد المؤلف أمثلة كثيرة لذلك، خاصة عندما تصبح هذه البيانات الضخمة متاحة للحكومات التي يمكن أن تنطلق منها لقمع أصحابها، أو الشركات التي تستغلها لأغراض ربحية لا تراعي فائدة أي منفعة لمن جمعت عنهم تلك البيانات.

وبما أن الجميع يكذبون، أو على الأقل لا يروون القصة الكاملة في حياتهم اليومية، خاصة عندما لا يراهم أحد، يحاول هذا الكتاب فضح بعض الحقائق وراء طلبات بحث البيانات الضخمة في غوغل، من خلال تحليل الاتجاهات والأنماط وفهم تفضيلات الأشخاص وعادات البحث. ويسعى مؤلف الكتاب سيث ستيفنز ـ ديفيد ويتز أن يجيب عن هذا السؤال الكبير من خلال الغوص في شبكة الإنترنت والبيانات الضخمة التي توفرها عن أنشطة الملايين بل المليارات من مستخدميها.

والكتاب الذي نحن بصدده عبارة عن عرض واضح لبعض الثمار المبكرة لعلم "البيانات الضخمة" وبحسب المؤلف فالبيانات في حد ذاتها ليست خطيرة أو شريرة، ويمكن أن تكون ذات قيمة ومهمة إلى حد بعيد.

### أبحث عن غوغل وفيه

المصدر الأول الذي اعتمد عليه المؤلف في أطروحته هو مقياس "اتجاهات غوغل" الذي يسجل التردد النسبي لعمليات بحث معينة في أماكن مختلفة في أوقات مختلفة. وقد أضاف إليه مقاييس أخرى مثل "غوغل آدوردز" الذي يسجل العدد الفعلي لعمليات البحث، وويكيبيديا، وفيسبوك، ثم "بورن هوب" وهو واحد من أكبر المواقع الإباحية في العالم، وهنا سيحصل المؤلف على مجموعة كاملة من البيانات عن سلوك الناس على هذا الموقع. وإلى جانب تلك المواقع قام المؤلف بتجميع العديد من المواقع الأخرى التي ستعينه في مهمته، بما في ذلك مواقع النازيين الجدد.

يخبرنا المؤلف في هذا الكتاب الذي يتناول مواضيع عديدة مثل الانتخابات والعنصرية والجنس، أننا نتشارك في الحقيقة المزيد من المعلومات الخاصة مع محركات البحث أكثر مما نتشاركها مع أصدقائنا وزملائنا. ويستكشف في فصول الكتاب اتجاهات البيانات الضخمة التي تظهر أننا كثيرا ما نكذب، أو على الأقل نتجنب سرد القصة الكاملة لحياتنا، في قراءة مفيدة مليئة بالفوائد التي لا تنسى.

### البيانات الضخمة لا تكذب!

يحلل المؤلف الأنماط والاتجاهات التي تساعد في إظهار تفضيلات الأشخاص وعاداتهم عند استخدام محركات البحث، يبدأ من خلال تعريفنا بالبيانات الضخمة والأفكار الكبيرة التي يمكن أن تدعمها.

يعرف المؤلف البيانات الضخمة بأنها تشير إلى كميات كبيرة من البيانات التي لا يمكن فهمها إلا باستخدام الطاقة الحسابية. ويضيف أن العديد من الأشخاص يستخدمون المفاهيم البديهية لعلوم البيانات يوميًا دون أن يدركوا ذلك، بيد أنه لا يمكن إثبات تنبؤاتنا ومشاعرنا الداخلية إلا عندما نستخدم البيانات التاريخية بشكل صحيح.

ويزيد المؤلف بالقول إن الناس يدخلون طلباتهم في محركات البحث دون أن يشاهدها أحد، وهذا يعني أن المعلومات التي نحصل عليها من البيانات الضخمة لا تكذب، على عكس المعلومات من الدراسات الاستقصائية والدراسات الأخرى.

**العنصرية ما تزال حية في أميركا**

يحدثنا المؤلف أن دراسة البيانات الضخمة وتوظيفها بالطريقة المثلى كشفت له عن أشياء كثيرة، فقد توصل عبرها إلى أن العنصرية لا تزال حية بأوساط قطاعات كبيرة في الولايات المتحدة الأميركية. ففي الصفحات الأولى من الكتاب ومن خلال استخدام مقياس "اتجاهات غوغل" يؤكد ديفيد ويتز وبشكل جريء أن التوجهات العنصرية في أميركا كانت واضحة جدا في أعقاب الانتخابات الرئاسية عام 2008 التي أتت بالرئيس الأميركي السابق بارك أوباما، ونمت أكثر أثناء انتخابات 2016 التي وضعت الرئيس دونالد ترامب على سدة البيت الأبيض.

وقد استخدم المؤلف مقاربات جغرافية أطلق عليها "خريطة التمثيل العنصري"، ووضح فيها أن الأشخاص في المناطق التي دعمت ترامب إلى حد كبير، قاموا بأكثر عمليات البحث عن كلمة "زنجي".

وأشار المؤلف إلى أنه لاحظ أن معظم المصادر التقليدية علقت بعد انتخاب أوباما على ما أسمته "أمريكا ما بعد العنصرية"، لكنه أضاف أن هؤلاء المعلقين لا يمكن أن يكونوا بعدوا كثيرا عن الحقيقة. ويقول إن معرفته بأميركا العنصرية هذه تنبع من الاتجاهات التي لاحظها في بيانات محرك البحث غوغل، مضيفا: "كانت هناك ظلمة وكراهية، بيد أنها لم تكن حاضرة في المصادر التقليدية".

**غوغل.. كرسي الاعتراف الحديث**

في جزء آخر من الكتاب يحلق بنا المؤلف في فضاءات البيانات الضخمة المتحصل عليها من محركات البحث، وهنا يحضر غوغل على الدوام، وكأن ديفيد ويتز يريد أن يقول لنا أن ثمة كرسي اعتراف افتراضي يلجأ إليه كثيرون في أوقات الشدائد ليقولوا من على متنه ما يخفونه عن الآخرين، هنا يطلقون العنان لدواخلهم ليقدموا معلومات نزيهة لا يأتيها الباطل لا من خلفها ولا من بين يديها. ويورد المؤلف أمثلة لما وجده من اعترافات وفرتها له البيانات الضخمة مثل: أنا سعيد، أنا حزين، أنا سكران، أنا أكره مديري. وفي حين يرى المؤلف أننا نفتقر إلى السياق المناسب لتخمين ما يحاول هؤلاء الأشخاص التعبير عنه من خلال ما قالوه، فإن تلك البيانات تكشف أشياء عن نواياهم.

**أبعدوها عن الحكومات**

وبعد أن كشف المؤلف عما يمكن تسميته بقوة وسطوة البيانات الضخمة، فإنه يدعونا للتعامل معها بشيء من الحذر، فثمة خطر منها، يمكن أن ينبع من إساءة استخدامها.

ويقول ديفيد ويتز إنه من الخطير أن تحصل الحكومات أو الشركات على الكثير من البيانات لأنها ربما توفر لها وسيلة للقمع. ويذكرنا بالأزمة التي كان بطلها فيسبوك بسبب علاقته الحميمة مع شركة "كامبريدج أناليتيكا" الشركة التي أدينت بتسريبها لبيانات ملايين المستخدمين لفائدة المرشح الجمهوري دونالد ترامب والتي يعتقد على نطاق واسع أنها حملته إلى البيت الأبيض.

## الكتاب الخامس: فخ الإنترنت.. خيبة الإنترنت في عقدها الثالث

فخ الإنترنت: كيف يبني الاقتصاد الرقمي الاحتكارات ويقوض الديمقراطية؟[6]

المؤلف: ماثيو هندمان
تاريخ الصدور: سبتمبر 2018
دار النشر: جامعة برينستون الأميركية
عدد الصفحات: 256

يذهب مؤلف هذا الكتاب في نفس الاتجاه الذي سار فيه مؤخرا عدد من زملائه الذين وجهوا سهام نقدهم للعصر الرقمي وتحديدا ما يمكن وصفه بآثاره السلبية على المليارات من البشر، مثل كتاب سيفا فادياناثان: وسائل التنافر: كيف يسهم فيسبوك في قطع العلائق بين الناس ويقوض الديمقراطية؟ أو كتاب ويل ستور، سيلفي: كيف أصبح الغرب مهووسا بالذات؟

### فصول الكتاب

يعالج المؤلف موضوع كتابه في ثماني فصول هي: إعادة النظر في اقتصاد الانتباه، الملعب المائل، الاقتصاد السياسي للتخصيص،

---

[6] The Internet Trap: How the Digital Economy Builds Monopolies and Undermines Democracy.
Matthew Hindman
Princeton Press.
رابط الكتاب في موقع دار النشر
https://press.princeton.edu/titles/13236.html
رابط الكتاب في أمازون
https://www.amazon.com/dp/B07CSKZ553/ref=dp-kindle-redirect?_encoding=UTF8&btkr=1

الجغرافية الاقتصادية للفضاء السبراني، ديناميكيات حركة الجمهور على الإنترنت، الأخبار الرقمية المحلية: أقل من المعتاد، أخبار أكثر ثباتا، طبيعة الإنترنت.

ويحاول الكتاب الذي نستعرضه في السطور التالية توضيح مستوى السيطرة المذهلة التي تمارسها منصات وسائل التواصل الاجتماعي الرئيسية على الخطاب السياسي وما يعنيه ذلك لعملية الديمقراطية.

ويرى ماثيو هندمان في كتابه الصادر عن دار جامعة برينستون الأميركية أن ثمة فخ للإنترنت وقع فيه كثيرون، وهو هنا يبحث تحديدا في ظاهرة الاحتكارات الرقمية التي ترفع علمها شركات كبرى مثل غوغل وفيسبوك، والتي تجني بموجبها الأرباح الهائلة من الأنشطة التي يمارسها البشر على الإنترنت.

تقوم أطروحة هذا الكتاب على أن الإنترنت تم النظر إليها منذ البداية على أنها الوسيلة أو التقنية التي ستقوي من مبدأ تنوع الجمهور وتعدد خياراته، وتصعب من توجه وسائل الإعلام نحو الاحتكار. لكن وبدلا عن ذلك فقد مكنت الإنترنت مؤسسات عملاقة مثل غوغل وفيسبوك من أن تسيطر على الوقت الذي يقضيه الناس في هذا الفضاء المفتوح، وتستحوذ على قدر هائل من الأرباح الناتجة مما يسمى باقتصاد الانتباه.

## كرة الثلج

ويرى المؤلف بأن المزايا الصغيرة لعملية جذب مستخدمي الإنترنت يمكن أن تتضخم وتتحول بمرور الزمن إلى ما يشبه كرة الثلج. ويجادل بأن الإنترنت لم تخفض من تكاليف الوصول إلى الجمهور، بيد أنها أعادت تعريف مفهوم من يدفع وكيف يدفع؟

وفيما يشبه التحدي لأكثر الأساطير رواجا عما يمكن تسميته بالحياة الرقمية، يشرح هندمان الذي له كتاب آخر بعنوان " أسطورة

الديمقراطية الرقمية" لماذا لم تكن الإنترنت هي التكنولوجيا التي تم تسويقها للناس ما بعد العصر الصناعي؟ وكيف أصبح من المستحيل من الناحية الحسابية، لطالب حديث التخرج أن ينافس عملاقا مثل غوغل؟ ولماذا لا يكفي للحياد وحده أن يسمح بوجود ما يمكن تسميته بالإنترنت المفتوح؟

ويبين هندمان أستاذ الإعلام والشؤون العامة في جامعة جورج واشنطن كيف أن أسباب التحديات التي تواجه وسائل الإعلام الرقمية المحلية واللاعبين الصغار في هذا المجال، هي أسوأ مما تبدو عليه، ويوضح ما يجب عليهم بذله من مجهود حتى يتمكنوا من الحصول على جمهور رقمي للبقاء على قيد الحياة في عالم الاقتصاد الرقمي الحالي.

## أين الجمهور الحر؟

وفي المحصلة النهائية فإن هذا الكتاب "فخ الإنترنت" يؤكد بوضوح على أنه حتى في الإنترنت لا يوجد حتى الآن ما يمكن تسميته بالجمهور الحر.

ويؤكد المؤلف بأننا نلج العقد الثالث من عمر شبكة الإنترنت، ولكن المحصلة أن حيث قوى السوق تدفع الغالبية العظمى من حركة المرور على شبكة الإنترنت والأرباح نحو مجموعة صغيرة جدًا من المواقع، دون أي تغيير يلوح في الأفق. ومن خلال فحصه للطريقة التي ازدهرت بها المؤسسات الأشهر والأكثر شعبية على الإنترنت مثل غوغل وأمازون فقد وجد هيندمان أن هذه المواقع استطاعت أن تكون جمهورها وتحافظ عليه من خلال تسخيرها لما يعرف بالاقتصاد الكبير الذي مكنها من تجاوز أي عقبات.

ومعروف أن هذه المواقع المشهورة لديها العدد الضخم من الموظفين والموارد التي تضمن لها أن تكون مواقعها سريعة التحميل، وذات مظهر جذاب، وسهلة الاستخدام، ويتم تحديث

محتواها بشكل متكرر لضمان أن مواقعهم "يتم تحميلها بشكل أسرع"، و"أجمل وأكثر قابلية للاستخدام" و"تحديث المزيد من المحتوى بشكل متكرر، ما يضمن لها ثبات الجمهور وعودته إليها كلما غادرها، ونتيجة لذلك استطاعت أن تحقق إيرادات عالية من الإعلان.

وبالمقابل فثمة افتراض أن مواقع المؤسسات الإعلامية الصغيرة تعاني من مشكلة في الإيرادات، وليست مشكلة في قلة عدد الزوار، ولكنها في الحقيقة تعاني من الأمرين.

فقد وجد هيندمان ومن خلال تتبعه لحوالي 250.000 مستخدم للإنترنت في أكبر 100 موقع إعلامي محلي في الولايات المتحدة، أن هذه المواقع الإخبارية المحلية تحصد ما يقرب من سدس حركة الجمهور الباحث عن الأخبار عبر الإنترنت، وفقط نصف بالمائة من حركة المرور بشكل عام. وبهذه النتيجة فإن التهميش الذي تتعرض له هذه المواقع لا يتيح لها المساهمة بقدر واف في النقاش السياسي العام في البلاد.

ويقدم هيندمان نصيحته لهذه المؤسسات للخروج مما هي فيه من أوضاع وذلك من خلال بناء مواقع أكثر ثباتا وأقل تشويشا، سريعة التحميل ومحدثة بشكل دائم، بيد أنه يؤكد أن هذه المهمة لن تكون سهلة وبسيطة، وإنما تتطلب عملا دؤوبا ومخططا.

وبحسب تعليق لموقع "ذي كونفرسيشن" الأسترالي فإذا كان تصورنا لشبكة الإنترنت باعتبارها أداة لتمكين المواطنين هي في الغالب سراب، كما يطرح كتاب "فخ الإنترنت"، فقد حان الوقت لتنظيم المواقع المهيمنة بشكل أكثر فعالية من أجل خدمة المصلحة العامة للجمهور.

**تعليقات على الكتاب**

وقد حظي الكتاب بتقريظ عدد من الشخصيات ذات العلاقة بموضوعه، مثل مايكل كوبس المفوض السابق للجنة الاتصالات الفيدرالية الأميركية.

يقول كوبس: إن كنت تظن أنك على فهم ووعي بماهية الإنترنت فربما يكون اعتقادك هذا محل نقاش.. عليك بقراءة هذا الكتاب ودعوة أصدقائك ليفعلوا الشيء ذاته.

أما الصحفي البريطاني الذي يعمل في الإيكونوميست كينيث كوكير فيرى أن فخ الإنترنت ربمًا كان الكتاب الأفضل لتفسير أسباب موت مؤسسات الإعلام بسبب قلة الزوار، وما يعنيه ذلك بالنسبة للسياسة والجمهور، وما يطرحه من عبء على وسائل الإعلام المعنية للخروج من ذلك المأزق. ويضيف كوكير أن كتاب هيندمان يحتوي بين دفتيه على لغة أنيقة ورؤى الواعية والأمثلة الحقيقة، ويختتم تعليقه بأنه إن كان لمؤسسات الإعلام المأزومة بسبب الإنترنت من مخلص فهو مؤلف هذا الكتاب.

ويرى جيمس هاملتون مؤلف كتاب **"محققو الديمقراطية: اقتصاديات الصحافة الاستقصائية"** أن هندمان يساهم بكتابه هذا في رفع مستوى الفهم التقليدي للإنترنت المفتوح، ويفعل إلى ذلك بأسلوب جذاب ومناقشات دقيقة تسهم بلا شك في استنارة القارئ ورفع مستوى إدراكه بالموضوع.

وبحسب الباحث في جامعة أوكسفورد رازموس كليس نيلسن فإن كتاب هيندمان يعتبر تذكيرا قويا لنا بأن فهمنا الثابت للإنترنت المتخيل يحول بيننا في أوقات كثيرة وبين مواجهة التحديات الديمقراطية والاقتصادية التي تطرحها الإنترنت الحقيقية.

ويرى جيمس وبستر مؤلف كتاب: **"سوق الانتباه: ما هو شكل الجماهير في العصر الرقمي؟"** أن "فخ الإنترنت" يعتبر الكتاب الذي

يقدم تصحيحا ضروريا للغاية لمفاهيم ساذجة كانت ترى في الإنترنت مكانا للمساواة حيث يمكن سماع جميع الأصوات.

ويضيف أن هيندمان قدم كتابا مهما، تعتبر قراءته ضرورية لكل من يريد أن يعرف الكثير عن الكيفية التي يعمل بها ما يسمى باقتصاد الانتباه.

## الكتاب السادس: طارق العريس: من الف ليلة وليلة إلى ويكليكس

### تسريبات.. قرصنة وفضائح الثقافة العربية في ظل العصر الرقمي[7]

المؤلف: طارق العريس
تاريخ الصدور: ديسمبر 2018
عدد الصفحات: 240
دار النشر: جامعة برينستون الأميركية

كتاب تسريبات، قرصنة وفضائح: الثقافة العربية في ظل العصر الرقمي للمؤلف اللبناني طارق العريس صدر في أوائل ديسمبر المنصرم عن دار نشر جامعة برينستون الأميركية. ويبحث الكتاب في التغييرات التي أحدثتها وسائل الإعلام الرقمية في مجالات الأدب والسياسة والثقافة في العالم العربي. ففي السنوات الأخيرة واجه الناشطون العرب الأنظمة الاستبدادية في بلدانهم في الشوارع وعلى أثير الإنترنت مطالبين بحقوقهم وبالتغيير. وقد شهدت هذه المواجهات تسريب لأشرطة فيديو وفضح للفظائع التي ترتكبها تلك الأنظمة بحق من يعارضها من الناشطين على فضاء الإنترنت وغيرهم.

---

[7] Leaks, Hacks, and Scandals: Arab Culture in the Digital Age
By Tarek El-Ariss
رابط الكتاب في دار النشر
https://press.princeton.edu/titles/13293.html
رابط الكتاب في أمازون
https://www.amazon.com/s?k=Leaks%2C+Hacks%2C+and+Scandals%3A+Arab+Culture+in+the+Digital+Age&i=stripbooks&ref=nb_sb_noss_2

ويستعرض المؤلف في كتابه "تسريبات، قرصنة وفضائح" هذه الانتقادات الموجهة للسلطة في سياق ما سماه بسيادة ثقافة التسريبات والفضائح. ويوضح أن الإنتاج الثقافي والتغيير السياسي في العالم العربي المعاصر يتم تمكينهما من خلال التكنولوجيا الرقمية التي استفادت من النماذج الثقافية التقليدية في العالم العربي.

ومن خلال التركيز على أنشطة الجيل الجديد من النشطاء والمؤلفين من كل من مصر وشبه الجزيرة العربية، يربط العريس في الكتاب بين تسريبات منصة "ويكيليكس" المشهورة لصاحبها جوليان أسانج وقصص "ألف ليلة وليلة" المعروفة في التراث العربي، وبين تغريدات تويتر وبين القصص والحكايات الغامضة، وبين الهجمات الإلكترونية وغارات القبائل العربية ما قبل الإسلام.

وينقل المؤلف الأطر المعرفية والتاريخية من حالة ما بعد الاستعمار إلى الحالة الرقمية، ويوضح كيف تتحدى وسائل الإعلام الجديد الرواية التي عرفت منذ وقت طويل أداة تقليدية للوعي السياسي والنقاش الفكري في العالم العربي.

## مشهد متغير للحداثة العربية

ومن خلال التنظير لبروز "موضوع التسريب" الذي يكشف ويتحدى، ويكتب من خلال وسائل فوضوية، ومع ذلك مسيسة إلى حد بعيد، يبحث "العريس" في الوعي الرقمي، والأفكار، وأشكال المعرفة العاطفية الأخرى التي تهز القناعات وتعلم الجمهور، وتجذب القراء إلى رواية الفضيحة التي تتكشف يوما بعد يوم في العالم العربي.

ويرسم العريس في كتابه المشهد المتغير للحداثة العربية، أو النهضة في العصر الرقمي، ويتتبع كيف يتم اختراق مفاهيم مثل الأمة، والمجتمع، والسلطة، والمثقف، والمؤلف، والرواية من خلال طرق المواجهة الجديدة.

وبحسب تقييم روجز ألان الأستاذ في جامعة بنسلفانيا فإن العريس يقدم في هذا الكتاب الرائد والهام للغاية، يقدم للقراء واقعا رقميا جديدا تتعرض فيه معايير التلقي والتقييم المتعارف عليها للتحدي أو السخرية أو التخلي عنها. وهو يرى أن استنتاجات المؤلف تمتد آثار ها إلى ما هو أبعد من سياق العالم الناطق بالعربية.

أما إلين آن مكلارني مؤلفة كتاب "القوة الناعمة: المرأة في الصحوة الإسلامية بمصر" فتصف كتاب العريس بأنه مهم حقا ويجمع بين أحدث الأبحاث حول الوسائط الرقمية في العالم العربي والاتكاء على الأدب العربي الكلاسيكي.

ويرى برايان إدواردز مؤلف كتاب: ما بعد القرن الأميركي.. نهاية الثقافة الأميركية في الشرق الأوسط، أن العريس يقدم في كتابه هذا وجهة نظر مقنعة عن العلاقة التي تربط بين الإنتاج الأدبي المعاصر وثقافة الفضيحة. ويستشهد على قوله ذاك بالأمثلة العديدة التي تزخر بها صفحات الكتاب مثل القراصنة الذين استهدفوا الحكومة اللبنانية عام 2012 فيما عرف بحملة "أرفع صوتك"، ومستخدمي تويتر من المعارضين السعوديين.

ويضيف إدواردز أن قراءة هذا الكتاب مهمة جدا لكل من يسعى إلى فهم الثقافة العربية المعاصرة في ظل العصر الرقمي.

**فصول الكتاب**

يبتدر المؤلف كتابه بمقدمة وافية يشرح فيها الثيمة الأساسية للكتاب، ويوضح فيها أن أفعال الرفض السياسي في العصر الرقمي وبمختلف أنواعها، تعيد تعريف معنى الثقافة العربية. ويضيف أن الكتاب يبحث في التحولات الجذرية التي تؤثر في طريقة سرد الحكايات والتعبير عن الرفض وتشريع القوانين في الألفية الجديدة، وذلك من خلال الاعتماد على الدراسات الأدبية والدراسات الإعلامية

ودراسات العلوم الإنسانية الرقمية، وعبر التركيز على العالم العربي في سياق عابر للحدود الوطنية.

يقدم الفصل الأول الذي يحمل عنوان (في معنى التسريب: من ألف ليلة وليلة إلى ويكيليكس) يقدم قراءة نظرية لموضوعة التسريب، ويشرح كيف أن الشخص الذي يتولى عملية التسريب، وبما ينتجه من حكايات وروايات ينظر إليه باعتباره عنصرا مهددا وفاسدا، وبالتالي يجب عزله ووضعه في حبس انفرادي. ويقدم المؤلف عددا من الأمثلة لأولئك المسربين الذي نظر إليهم باعتبارهم خطر على المجتمع، ابتداء من عصر ألف ليلة وليلة، ووصولا إلى التسريبات المعاصرة، ويشير إلى أسماء مثل أسانج وسنودن وعلياء المهدي.

وفي الفصل الثاني وعنوانه (أفكاري مطروحة على تويتر) يبدأ المؤلف بالإطلالة على تجربة الناشط والمدون المصري وائل عباس، ويركز على عملية انتاج الجمهور من غوغاء الشوارع إلى المتابعين عبر الإنترنت.

ومعروف أن وائل عباس هو أول من وضع فيديو تعذيب على الإنترنت في مصر، وقد كان ذلك عام 2006 أثناء وقفة تضامنية مع سكان ضاحية أمبابة في القاهرة، وكان الفيديو لواقعة يقوم فيها ضابط شرطة بتعذيب أحد سكان المنطقة.

وبحسب المؤلف فإن وائل عباس يزعم أنه ظل منذ عام 2006 ينظم احتجاجات فعلية ضد الحكومة ويقرن ذلك بممارسة أنشطة مماثلة على الإنترنت بهدف تحقيق الحرية الحقيقية التي تعني له في نهاية المطاف ديمقراطية حقيقية.

أما الفصل الثالث وعنوانه (التصفح اللانهائي) فيستمر فيه المؤلف في الحديث عن تويتر باعتباره منصة للتسريبات والفضائح. وفيه يحلل المؤلف التقاطعات بين كشف الأخبار السياسية والفضائح، وبين الأنواع الأدبية الأخرى مثل الحكايات القديمة، وأخبار

المشاهير في عصرنا الحالي. ويركز المؤلف على تجربة المدون السعودي الشهير مجتهد الذي يتابع حسابه في تويتر مليوني شخص، والمتخصص في نشر أخبار العائلة الحاكمة في السعودية.

وحمل الفصل الرابع عنوان (رواية من خيال الفضيحة) وفيه يقرأ المؤلف الكتابات العربية الحديثة من منظور القرصنة والفضيحة، ويرى أن التسريبات والقرصنة حولت النص الأدبي إلى منصة فضائحية تعيد انتاج مشاهد وممارسات الشارع وفضاء الإنترنت، مما كان له التأثير الكبير على القارئ، وفي هذا السياق فإن رواية الفضيحة ارتبطت بمستوى عال من التصفح والتفاعل على الإنترنت، وبحيث حظى هذا النوع من الأعمال بصفة الأكثر مبيعا. ويرى المؤلف أن التكنولوجيا الحديثة سيطرت تماما على الرواية بحيث أعادت ترميز إمكاناتها السياسية وقيمتها الأدبية.

وفي الفصل الخامس (غارة سبرانية) يستمر المؤلف في استكشاف معنى الأدب في العصر الرقمي، ويبحث في هذا الفصل في الحملة التي تعرضت لها الكاتبة السعودية بدرية البشر في تويتر. فقد هاجم ناشطون على تويتر الروائية السعودية بسبب ما ورد في روايتها " هند والعسكر" من أفكار اعتبروها نوعا من الردة، وطالبوا بمنعها من الظهور في المنابر العامة.

ومن خلال نشر بعض مقاطع الرواية التي نظر إليها بأنها تخمل أفكارا تجديفية على وسائل التواصل وخاصة تويتر، تعرضت الكاتبة إلى هجوم شديد. واعتبر الكاتب أن إعادة ترميز الرواية ووظيفة الكاتب يمكن ربطه بنوع من الحرب القبلية ساحتها الفضاء السبراني.

تجدر الإشارة على أن طارق العريس هو أستاذ مشارك في دراسات الشرق الأوسط بكلية دارتموث الأميركية. تشمل كتبه **"تجارب الحداثة العربية: التأثير الأدبي والسياسية الجديدة والنهضة العربية: مختارات ثنائية اللغة".**

# الكتاب السابع: رأسمالية بلا رأسمال..... مستقبل العالم غير الملموس

## رأسمالية بلا رأس مال[8]

المؤلف: جوناثان هاسكل + ستيان وست ليك
تاريخ الصدور: أكتوبر 2018
عدد الصفحات: 269
دار النشر: جامعة برينستون

يعتبر كتاب (رأسمالية بلا رأسمال) أول تقرير شامل عن تزايد هيمنة الاقتصاد غير الملموس، ويرى مؤلفاه أن ثمة ثورة اقتصادية هادئة حدثت في أوائل القرن الحادي والعشرين، تمثلت في توجه الاقتصادات الكبرى في الدول المتقدمة نحو الاقتصاد غير الملموس، وذلك عبر الاستثمار وبشكل أكبر في قطاعات مثل التصميم، البرمجيات، العلامات التجارية وغيرها، مقارنة بالأصول الملموسة مثل الآلات والمباني وأجهزة الكمبيوتر.

وبحسب الكتاب المذكور فإن الأنشطة التجارية المختلفة مثل شركات التكنولوجيا وشركات الأدوية وشركات الصالات الرياضية، وجدت في القطاعات غير الملموسة الفرص المناسبة لتحقيق النجاحات وعلى مدى طويل.

---

[8] Capitalism without CapitalThe Rise of the Intangible Economy
Jonathan Haskel & Stian Westlake
Princeton Press
رابط الكتاب في دار النشر
https://press.princeton.edu/titles/11086.html
رابط الكتاب في أمازون
https://www.amazon.com/dp/B071P3VGHQ/ref=dp-kindle-redirect?_encoding=UTF8&btkr=1

**دور هام ومحوري**

إن كتاب (رأسمالية بدون رأسمال) لا يقدم لنا القصة التقليدية والمألوفة لما يسمى بالاقتصاد الجديد فحسب، بيد أنه يحدثنا عن الدور الهام والمحوري الذي لعبته الأصول غير الملموسة في التحولات الاقتصادية الكبرى التي شهدها العالم في العقد الماضي.

ويحاج مؤلفا الكتاب البريطانيان جوناثان هاسكل وستيان وست ليك بأن الطفرة في ارتفاع الاستثمارات غير الملموسة هي السبب الوجيه جدا لتفسير عدد من الظواهر، مثل عدم المساواة الاقتصادية وصولا إلى ركود الإنتاجية.

ويقدم المؤلفان في كتابهما خلاصة أبحاث استمرت لعشر سنوات عن كيفية قياس الاستثمار غير الملموس، وتأثير ذلك في عملية قياس مجمل النشاط الاقتصادي لدولة ما. كما يقدمان أيضا معلومات عن المبالغ التي استثمرتها بعض البلدان في الاقتصاد غير الملموس، وكيف تغير ذلك مع مرور الوقت، وأحدث الأفكار حول كيفية تقييم ذلك.

ويستكشف المؤلفان الخصائص الاقتصادية غير العادية للاستثمار غير الملموس، ويناقشان كيف أن هذه الميزات تجعل الاقتصاد غير الملموس والغني جدا مختلفًا بشكل جوهري عن اقتصاد قائم على الأصول الملموسة.

ومن الملامح الملفتة في كتاب (رأسمالية بدون رأسمال) السيناريوهات الثلاث المحتملة التي يقترحها المؤلفان لما يمكن أن يبدو عليه مستقبل العالم غير الملموس، وكذلك حديثهما عن كيف يمكن للمديرين والمستثمرين وواضعي السياسات استغلال خصائص العصر غير الملموس في تنمية أعمالهم ومحافظهم واقتصاداتهم.

ويقدم المؤلفان أربعة خصائص لفهم الاستثمار غير المادي وملامحه وهي:

1 تكلفته ثابتة، فإذا لم ينجح الاستثمار في قطاع الاقتصاد غير الملموس، فليس للمستثمر أصول مادية مثل الآلات التي يمكنك بيعها لاسترداد بعض أمواله.

2. يميل إلى خلق آثار غير مباشرة يمكن الاستفادة منها من قبل الشركات المنافسة، فأكبر قوة لدى شركة أوبر لنقل الركاب هي شبكة سائقيها، ولكن ليس من غير المعتاد مقابلة سائق سيارة أوبر الذي يختار أيضا العمل مع شركة ليفت.

3. أكثر قابلية للتوسع مقارنة مع الاستثمار الملموس، فبعد المصاريف الأولية للوحدة الأولى، يمكن نسخ بقية المنتجات إلى ما لا نهاية.

4. هناك تآزر مع الاستثمارات غير الملموسة الأخرى، فمثلا جهاز آيبود الخاص بشركة أبل يجمع بين بروتوكول MP3 الخاص بأجهزة أبل، وتصميم القرص الصلب المصغر، ومهارات التصميم، واتفاقيات الترخيص الأخرى الخاصة بالشركة.

**فصول الكتاب**

يعالج المؤلفان موضوع كتابهما في جزئيين، ويتكون كل جزء من عدد من الفصول. فالجزء الأول يضم الفصول التالي:

- صعود الاقتصاد غير الملموس.
- قانون التلاشي الرأسمالي.
- كيف نقيس الاستثمار غير الملموس؟
- ما الذي يميز الاقتصاد غير الملموس؟

أما الجزء الثاني فتتكون فصوله من العناوين التالية:

- عواقب صعود الاقتصاد غير الملموس.
- الاقتصاد غير الملموس: الاستثمار- الإنتاجية والركود العالمي.
- الاقتصاد غير الملموس وصعود التفاوت.

- البنية التحتية للاقتصاد غير الملموس.
- التنافس والإدارة والاستثمار في الاقتصاد غير الملموس.
- السياسة العامة في الاقتصاد غير الملموس: 5 أسئلة صعبة.

**بيل غيتس يتحدث**

يقول بيل غيتس إن الاقتصاد غير الملموس يتمدد وبسرعة، ورغم أنه لم يحظ بعد بالاهتمام المطلوب، إلا أن تداعياته يمكن ملاحظتها وبوضوح في مجالات مثل قوانين الضرائب، مرورا بالسياسات الاقتصادية العامة ووصولا إلى تأثيره في ازدهار مدن واضمحلال أخرى.

ويضيف صاحب ومؤسس عملاق البرمجيات مايكروسوفت أن كتاب "رأسمالية بلا رأسمال" يقدم شرحا وافيا عن آلية عمل الاقتصاد غير الملموس وأهميته التي تجذرت وبسرعة في حيواتنا.

ويستمر غيتس في تعليقه على الكتاب بالقول" إن ما عززه هذا الكتاب بالنسبة لي هو أن المشرعين بحاجة إلى تعديل سياساتهم الاقتصادية لتعكس هذه الحقائق الجديدة.. فعلى سبيل المثال، فإن الآليات التي تستخدمها العديد من البلدان لقياس الأصول غير الملموسة تعود إلى الماضي، لذا فإن هذه البلدان تحصل على صورة غير كاملة للاقتصاد.. فبلد مثل الولايات المتحدة الأميركية لم يدخل البرمجيات ضمن حسابات الناتج المحلي الاجمالي حتى عام 1999، وحتى اليوم فإن الناتج المحلي الإجمالي لا يضع اعتبارا للاستثمار في مجالات الاقتصاد غير الملموس التي تنفق عليها الشركات مبالغ ضخمة مثل أبحاث السوق والعلامات التجارية والتدريب.

**عولمة اقتصادية سابقة للثورة الرقمية**

وفي تعليقها على الكتاب ترى صحيفة الغارديان أن أضخم7 شركات في العالم من حيث القيمة السوقية اليوم هي شركات تعمل

في قطاع التكنولوجيا. فشركات مثل ألفابت التي تملك غوغل وفيسبوك هي كيانات متخصصة في منتجات لا يمكن رؤيتها في مساحة ثلاثة الأبعاد. كما أن أخرى مثل أبل وأمازون تبيع منتجات حقيقية وأخرى ذات صلة بالمفاهيم، بيد أن ثرواتها وهيمنتها على السوق تقوم في الأساس على مفاهيم غير مرئية مثل النماذج، العلامات التجارية والخوارزميات.

وتضيف الغارديان أن الثروة لم تعد تنحصر في المصانع، خطوط الأنابيب ومنافذ البيع بالتجزئة، كما أن رأس المال الخاص بالاقتصاد غير الملموس، لم يعد مرتبطا بولاية قضائية معينة، مما يصعب من عملية تنظيمه وفرض الضرائب عليه. وتصف الصحيفة البريطانية هذه التحولات بأنها نمط من العولمة الاقتصادية سبق الثورة الرقمية.

**بين الأغنية وشركة الطيران**

في قراءته لكتاب "رأسمالية بلا رأسمال" لصحيفة وول ستريت جورنال الأميركية، يرى الصحفي والكاتب المخضرم جورج ميلوان أن تفكيرنا عن طريقة وكيفية قياس رأس المال في عهد ما بعد الثورة الصناعية الذي نعيشه اليوم، يجب يتغير، ويجب أن نتخلى وإلى الأبد عن آلياتنا القديمة التي كنا نعمل وفقها.

ويضيف ميلوان الذي ألف عدد من الكتب في المجال الاقتصادي أن هذا العصر الذي نعيشه شهد تحولات كبرى، وأجبرنا على تغيير الكثير من أفكارنا حتى صرنا لا نصاب بأي دهشة عندما يحدثنا صاحبا كتاب "رأسمالية بلا رأسمال" عن موضوع مثل العلاقة التي تجمع بين الأغنية وشركة الطيران، فالاثنان كما ينقل ميلوان عن الكتاب: أصلان رأسماليان، وإن كان أحدهما أصل ملموس والآخر غير ملموس.

إن الكثيرين ممن قدموا مراجعات منشورة لكتاب "رأسمالية بلا رأسمال" يجمعون على أن أي منا سواء كان زبونا عاديا أو مستثمرا

أو موظفا، أو أحد واضعي السياسات، سيحصل من هذا الكتاب على رؤى جديدة حول أهمية رأس المال غير الملموس.

ويقول المؤلفان أنهما قدما من خلال فصول كتابهما العديدة وبياناتها والنقاشات التي دارت فيها، قدما عدسة مكبرة لرؤية الاقتصادات الحديثة والديناميكية والمبتكرة، وفهم طريقة عملها في العالم ذو التطورات المتسارعة الذي نحيا فيه اليوم.

# الكتاب الثامن: ما بعد الحقيقة.. كيف سيطر الهراء على العالم؟

## ما بعد الحقيقة... كيف سيطر الهراء على العالم؟[9]

المؤلف: جيمس بول
الناشر: دار بايت باك
مكان النشر: بريطانيا
تاريخ النشر: 2017

هل ثمة علاقة ما بين صعود دونالد ترامب إلى سدة السلطة في الولايات المتحدة الأميركية وتفشي ما يعرف بظاهرة الهراء والتفاهات؟ ما دور وسائل التواصل الاجتماعي في انتشار الأخبار المزيفة؟ لماذا أصبحت الحقيقة الضحية الكبرى؟ ولماذا فشلت وسائل الإعلام المحترفة في التصدي لكل ما تمت الإشارة إليه؟

هذه الأسئلة وغيرها يحاول كتاب **(ما بعد الحقيقة... كيف سيطر الهراء على العالم؟)** الذي صدر حديثا في بريطانيا وسنعرضه في السطور التالية، البحث عن إجابات لها وسبر أغوارها.

تشير عبارة لحظة ما بعد الحقيقة إلى ظاهرة تفشي الهراء وسيادة الأخبار الزائفة، وهي قصص إخبارية غير صحيحة، ولكن تجد طريقها وبكل سهولة إلى المتلقين عبر ما يعرف بعملية التشارك، وتصبح مادة للنقاش فيما بينهم.

---

[9] Post-Truth: How Bullshit Conquered the World
by: James Ball
**رابط الكتاب في أمازون**
https://www.amazon.com/dp/B072F2F2PR/ref=dp-kindle-redirect?_encoding=UTF8&btkr=1

وهذا النوع من الأخبار ينتشر بكثافة على وسائل التواصل الاجتماعي، وفي مرات كثيرة يكون الهدف منه السخرية السياسية، وفي أحيان أخرى يكون هدفه جني الأموال.

الأخبار الوهمية أو الكاذبة يمكن اختلاقها في دقائق، ولكن ربما استغرق الأمر ساعات وأيام لفضح زيفها. وعادة ما يجد هذا النوع من الأخبار رواجا لدى الأفراد الذين لديهم استعداد مسبق لتصديقها.

قد يواجه الصحفيون الذين يسعون للكشف عن زيف الأخبار الكاذبة صعوبات جمة، إذ أن تتبع المدونات المجهولة والمواقع الخادعة قد يكون معركة خاسرة في نهاية المطاف. ولا تقتصر المعضلة على المدونات المجهولة والموقع الخادعة، فالمشكلة الأكبر أن معظم القصص الإخبارية في هذه المواقع غير حقيقية، بيد أنها تبدو قابلة للجدال بشأنها لدى الأشخاص الذين يصدقون تلك المواقع.

## لحظة فارقة

في شرحه للفكرة الأساسية للكتاب الذي نحن بصدده يرى الكاتب أن العالم شهد في عام 2016 لحظة فارقة أو ما يمكن تسميته بإعادة التشكل، وذلك من خلال حدثين هامين، يمكن وصفهما بأنهما مثلا ما يعرف بالغضب ضد النخب وانهيار الثقة في وسائل الإعلام.

الحدثان الذي يعنيهما الكاتب هما الاستفتاء البريطاني على الخروج من أو البقاء في الاتحاد الأوروبي، والانتخابات الرئاسية في الولايات المتحدة الأميركية التي أتت بالرئيس دونالد ترامب ليتربع على سدة البيت الأبيض الأميركي.

وبرأي المؤلف فإن هذين الحدثين أسهما بشكل كبير في سيادة مفهوم "الهراء" لأن الحملات والتغطية الإعلامية التي صاحبتهما قامت أساسا على مناقشة الأمور التافهة وأنصاف الحقائق والأكاذيب.

ويعتقد الكاتب أن تفشي الهراء كان السبب الرئيسي وراء فوز ترامب ونجاح خيار خروج بريطانيا من الاتحاد الأوروبي. لأن انتشار الأخبار المزيفة كان كبيرا في أوساط الفئات البسيطة التي تستقي أخبارها ومعلوماتها من وسائل التواصل الاجتماعي والمواقع التي تخصصت في ذلك، بينما انشغلت وسائل الإعلام المحترفة والجادة في تفنيد تلك الترهات والبحث عن الحقيقة.

**مفهوم الهراء**

يعود مفهوم الهراء إلى الفيلسوف الأميركي هاري فرانكفورت الذي ألف كتابا عام 2005 بعنوان (في مفهوم الهراء) شرح فيه معنى المصطلح وبين أنه يختلف عن الأكاذيب، ويرى أن الأول هو العدو الأول للحقيقة، لأن مطلقي الهراء يطرحون ما يخدم قضاياهم ولا يهتمون كثيرا إذا كان ما يقولونه يحتوي على الحقيقة أم لا. وهذا الوصف ينطبق على الكثير من الحملات السياسية الَحديثة، وبالطبع فإن آثاره مدمرة.

ويوضح الكاتب أن حجم الهراء الذي تنتجه تلك الجهات ضخم جدا، ولا تستطيع وسائل الإعلام المحترفة التي يقوم عملها على أسس الدقة والنزاهة أن تفعل أي شيء تجاهه، خاصة حين تطبق مبدأ الرأي والرأي الآخر. ويشبه الكاتب المواجهة بين وسائل الإعلام المحترفة وتلك التي تروج للهراء بمعركة بين طرفين يمتلك أحدهما سكينا والآخر مدفعا.

وبحسب الكاتب فإن ما يصعب من مهمة التصدي للهراء أن عددا كبيرا من وسائل الإعلام الأخرى لا يهتم ببذل أي مجهود لمواجهته. وبعض هذه الوسائل يمكن وصفه بأنه جزء من ماكينة الهراء وأنه يفعل ذلك عن سبق إصرار وترصد.

ويورد المؤلف نماذج لما أشرنا إليه آنفا من وسائل الإعلام البريطانية، خاصة صحافة التابلويد أو ما يعرف بالصحافة الصفراء،

التي تخصصت في نشر الأخبار المزيفة عن المسلمين والمهاجرين واللاجئين، والتي كثيرا ما تضطر للاعتذار عما تنشره نزولا عند أحكام المؤسسات التي تسهر على مراقبة الأداء الصحفي وصولا لإلزامه بأخلاقيات المهنة.

**الإنترنت.. الأخبار الكاذبة الصادقة**

يورد المؤلف في كتابه أن ظاهرة الأخبار المزيفة ليست وليدة اليوم فحسب، فقد ظهرت مع ظهور الإنترنت، ويشير إلى أن هذه الظاهرة رصدها الصحفي البريطاني الراحل جون ديموند في عام 1995 عندما كتب قائلا: " المشكلة مع الإنترنت أن كل ما ينشر عبرها يعتبر حقيقة، حيث لا توجد طريقة ناجعة للتمييز بين الحقيقة والأكاذيب.. الإنترنت مستودع للحقائق والإحصاءات والبيانات.. وما لم يظهر أن ثمة شيء ما خطأ بصورة واضحة فإننا نميل إلى إعطاء نفس الوزن لكل ما نراه على شاشات حواسيبنا".

وهنا يمكن الإشارة إلى ما ينسب إلى الفيلسوف والروائي الإيطالي الراحل إمبرتو إيكو من نقد حاد وجهه إلى الجانب السيئ لوسائل التواصل حيث قال " إن أدوات مثل تويتر وفيسبوك تمنح حق الكلام لفيالق من الحمقى ممن كانوا يتكلمون في الحانات فقط بعد تناول كأس من النبيذ، دون أن يتسببوا بأي ضرر للمجتمع، وكان يتم إسكاتهم فورا. أما الآن فلهم الحق بالكلام مثلهم مثل من يحمل جائزة نوبل.. إنه غزو البلهاء".

وبحسب المؤلف فإن ما انكسر في العام 1995 لم يصار إلى إصلاحه حتى وصولنا للعام 2017، فإن ظهر موقع ما باسم وتصميم معقولين وبدا شبيها بالمواقع الإخبارية المعروفة فإننا نميل إلى الثقة به. ويورد المؤلف مثالا لموقع أميركي باسم (بوسطون تربيون) درج على إيراد الأخبار المزيفة من شاكلة أن الرئيس

الأميركي السابق باراك أوباما اشترى منزلا في الشرق الأوسط ليتقاعد فيه.

## لماذا يسود الهراء؟

يتساءل المؤلف في أحد فصول كتابه عن أسباب سيادة وتفشي الهراء، ويجيب بأن السياسيين لم يصبحوا ميالين للكذب بين ليلة وضحاها، فإلى جانب أي افتراضات أخرى، فإن الجماهير هي اليوم أكثر تعليما مقارنة بالسنوات السابقة. ويضيف بأنه وبرغم وجود ما يمكن تسميته بظاهرة الرئيس الأميركي دونالد ترمب الذي ينحو دائما نحو مغالطة الحقائق، فإن انتصار الهراء يرجع في جانب كبير منه إلى وسائل الإعلام واقتصاداتها في عصر الإنترنت.

ويشير المؤلف إلى أن التحولات التي أحدثتها الإنترنت في مجال النشر خاصة، أثرت وبشكل كبير على وسائل الإعلام التي قل دخلها بسبب تراجع عائدات التوزيع والإعلان مما اضطرها إلى تقليل نفقات التشغيل وفي جوانب متعددة، خاصة عدد المحررين. وهو الأمر الذي أثر سلبا في أساليب انتاج المواد والموضوعات الصحفية، فبدأت تظهر الكثير من الأخبار والموضوعات الصحفية التي لا تلتزم بمعايير ومحددات وأخلاقيات العمل الصحفي الملتزم.

## محطات الكتاب

يقول المؤلف إنه سعى إلى تفكيك ظاهرة انتشار الهراء وتفشي الأخبار الكاذبة عبر عدد من المحطات في هذا الكتاب. فالمحطة الأولى خصصها لتناول حدثين هامين وقعا في العام 2016 ومثلا نموذجا واضحا للظاهرة وهما حملة الاستفتاء لخروج أو بقاء بريطانيا في الاتحاد الأوروبي، ثم الحملة الانتخابية التي أوصلت الرئيس الأميركي دونالد ترامب للبيت الأبيض.

أما المحطة الثانية فخصصها الكاتب للاعبين الأساسيين في ظاهرة تفشي الهراء والأخبار الكاذبة. وبحسب المؤلف فإن ما يعنيه باللاعبين الأساسين هم: السياسيون، وسائل الإعلام المحترفة، وسائل الإعلام الجديد، وسائل الإعلام المزيف، ثم نحن ويقصد بذلك الجمهور المستهلك للأخبار. وتطرق الكاتب في هذه المحطة إلى الكيفية التي ساهمت بها كل فئة من الفئات المذكورة في ظاهرة تفشي الهراء والأخبار المزيفة.

وهنا يطرح الكاتب ما يصفه بالسؤال الأهم وهو: ما هي الأسباب التي دفعت كل فئة من تلك الفئات لتفعل ما فعلت؟

والمحطة الثالثة والأخيرة فيخصصها الكاتب للإجابة على سؤال لماذا تنجح الجهات التي تلجأ للهراء والأخبار الكاذبة في تحقيق مراميها؟

ويخلص المؤلف إلى أن مواجهة تفشي الهراء والأخبار المزيفة ليست بالعمل السهل، ولا تستطيع وسائل الإعلام المحترفة أن تتصدى لهذه المعركة لوحدها. ويشدد على أن كتابه هذا لا يزعم ان لديه كافة الأجوبة لأسئلة كيفية مواجهة تفشي الهراء والأخبار المزيفة، وأن ما يأمله منه هو تبيان المستوى الذي وصلت إليه الظاهرة، ولماذا هي مستمرة؟ ما هي دوافع المنخرطين فيها؟ وما الذي يجعل الجهود المبذولة لمواجهتها غير كافية؟ مع اقتراح بعض الخطوات الأولية التي يجب اتباعها لمواجهة الظاهرة.

## الكتاب التاسع: أخبار زائفة.. من هنري الثامن حتى أيامنا.. وسائل الإعلام ضد الطغاة

### معارك وسائل الإعلام ضد الطغاة.. من هنري الثامن حتى دونالد ترامب[10]

المؤلف: ديريك ج تايلور
تاريخ الصدور: يوليو 2018
دار النشر: ذي هيستوري برس
عدد الصفحات: 353

قبل يوم واحد من زيارة الرئيس الأميركي الأخيرة إلى بريطانيا، وتحديدا في الحادي عشر من يوليو/ تموز الماضي، جرى تدشين كتاب مهم للصحفي والمؤرخ البريطاني ديريك ج تايلور حمل عنوان " أخبار زائفة.. معارك وسائل الإعلام ضد الطغاة.. من هنري الثامن وحتى دونالد ترامب".

والكتاب الذي جاء في 353 صفحة، جاء أيضا في توقيت مناسب، وهو يتطرق عبر مسيرة شاقة بين أروقة التاريخ للحرب الطويلة والمستمرة بين وسائل الإعلام وأولئك القابضين على السلطة.

وهي رحلة طويلة يتجول فيها الكاتب بين ضفتي المحيط الأطلسي، لينقل لنا أجواء المعارك بين وسائل الإعلام وأصحاب

---

[10] Fayke Newes: The Media vs the Mighty, From Henry VIII to Donald Trump
by: Derek J. Taylor
رابط الكتاب في أمازون
https://www.amazon.co.uk/Fayke-Newes-Media-Mighty-Donald/dp/0750987782

السلطة في بريطانيا والولايات المتحدة، ويقدم فيها الحقائق التي لم يصدق فيها لا الممسكين بالسلطة، ولا أولئك الذين يمتشقون الأقلام، على حد وصف المؤلف.

ويورد المؤلف أن الإهانات والشتائم والعبارات من شاكلة " أخبار زائفة" " صحافة غير شريفة" "عنصري" " غير مستقر عقليا" المتبادلة بين بعض معظم وسائل الإعلام الأميركية والرئيس ترامب في الوقت الراهن، ليست وليدة اليوم بل ثمة أحداث مشابهة وأمثلة كثيرة. ففي إنجلترا وابان عهد الملك ثيودور الثامن (1491-1547) وصفت الأوراق المطبوعة التي مثلت صحافة ذلك الزمان الملك بأنه " وحش فظيع" أما هو فقد اتهمها بأنها تنشر "خرافات زائفة".

### القلم عذراء والمطبعة عاهرة

ينسب للسياسي فليبو دي ساراتا.. (جمهورية البندقية في إيطاليا الحالية) مقولة "القلم عذراء والمطبعة عاهرة" التي ذم بها المطبعة التي اخترعها جوتنبرج والتي أتاحت المعرفة للعامة بعد أن كانت حكرا على النبلاء ووجهاء القوم.

ويشير ديريك تايلور إلى أن اختراع الطباعة مثل مرحلة مهمة في المعارك بين وسائل الإعلام وأصحاب السلطة في بريطانيا، فمنذ ذلك التاريخ نظر الذي يمسكون بالسلطة إلى الاتصال الجماهيري الذي سمحت به الطباعة آنذاك باعتباره تهديدا خطيرا يحد من سلطتهم في السيطرة على الجماهير، بل وقادرا على إثارة سخط الناس وصولا إلى مرحلة التمرد.

ويسهب المؤلف في إيراد تفاصيل المعركة التي نشبت بين الملك البريطاني هنري الثامن وبين معارضيه والتي استغل فيها الأخيرون ما وفرته المطبعة آنذاك من إمكانيات هائلة لنقل المعلومة تمثلت في انتشار الكتب والنشرات التي كانت تهاجم الملك الذي انشق عن

الكنيسة الكاثوليكية في روما والتي عارضت فكرة طلاقه من أرملة أخيه كاترينا دي أوريغون لكي يتزوج من عشيقته آن بولين، وهو ما تسبب في نهاية المطاف بانشقاقه عن كنيسة روما.

ويورد المؤلف في الفصل الثاني من الكتاب تفاصيل لمعركة أخرى دارت بين الملك تشارلز الأول الذي صعد إلى العرش عام 1625 والذي جاء بفكرة أن الملوك مسؤولين أمام الله وليس أمام البرلمان، وبين البرلمان.

وقد عمد الملك تشارلز إلى منع طباعة دوريات الأخبار التي اصطفت إلى جانب البرلمان في هذه المعركة، والتي وجدت مساندة من الجمهور الذي كان متعطشا إلى معرفة أخبار الصراع بين الملك والبرلمان.

وسيبرز في هذه الحقبة اسم لأحد الكتاب وهو مارشماونت نيدام الذي أسس عام 1643 دورية "ماركوريوس بريتانيكوس" التي كانت ناطقة باسم البرلمان والمعارضين للملك، وقد اعتبرت آنذاك من الأشكال الأولى للصحافة.

وقد حاولت السلطات آنذاك الحد من قوة وتأثير الطباعة، حيث وضعت القوانين التي تعرقل وصول المعلومات إلى الجمهور، والتي تمثلت في ضرورة حصول كل صاحب مطبعة على إذن أو ترخيص من السلطات. وفي مرحلة أخرى فرضت رسوم مالية باهظة على الصحافة التي تنطق بلسان المعارضة، بينما أعفت منها تلك التي تسبح بحمد السلطات.

### في الضفة الأخرى بدايات الثورة الأميركية

في سرديته للمعارك بين الطغاة ووسائل الإعلام يعبر بنا المؤلف الضفة الأخرى للمحيط، ونحط معه هذه المرة في ضيافة الصحفي الأميركي أشعيا توماس (1749 – 1831) الذي بدأ حياته صبي مطبعة في بوسطن الأميركية، وبعد أن حذق المهنة وهو في السادسة

عشرة من عمره ارتحل عام 1765 إلى المستعمرة البريطانية هاليفاكس (كندا) مواصلا نفس المشوار.

وفي هاليفاكس سيعمل توماس مع صاحب مطبعة هولندي يدعى أنطون هنريك كان يصدر صحيفة" هاليفاكس غازيت" وسيعهد له هنريك بكل أعمال المطبعة والتي من بينها " هاليفاكس غازيت". اصطدم توماس مع السلطات البريطانية في هاليفاكس التي أصدرت عام 1765 "قانون الدمغة" الخاص بالمستعمرات البريطانية والذي يفرض ضرائب مالية على كل المواد المطبوعة في تلك المستعمرات بما فيها الصحف، والذي يبدو أنه يهدف على التضييق على الصحف وأصحاب المطابع الذي يتخذون موقفا مناهضا للسلطات، خاصة "هاليفاكس غازيت" التي وصف الحاكم البريطاني هناك صاحبها بأنه " طابع الفتنة".

### بيت الفتنة

غادر أشعياء توماس هاليفاكس في مارس 1767 وحط مرة أخرى في بوسطن، وهنا سيشتري المطبعة التي تعلم فيها أبجديات المهنة، ومعها صحيفة " ما سوشيتس إسباي" وسيخرجها بوجه جديد عام 1770 وسيواصل مناهضته للحكم البريطاني، خاصة عبر تغطية الصحيفة للحرب الأهلية الأميركية التي دارت بين فصيلين في المستعمرات الأميركية.

كانت الحرب المذكورة بين المحافظين الذي يتماهون مع البريطانيين سلطة الأمر الواقع في المستعمرات الأميركية وبين فصيل آخر عرف باسم "ويغز" كان يطالب بالإصلاحات ومزيد من الحرية السياسية.

نقلت "ماسوشيتس إسباي" المعارك من الميدان مباشرة، وقد ساعدت تقاريرها في تقوية المعارضة الأميركية للوجود البريطاني.

اتخذت "سباي" منذ البداية موقفا واضحا ضد المحافظين، وقد أدركت السلطات البريطانية خطورة توماس وصحيفته فحاولت الضغط عليه لتتخذ الصحيفة موقفا مؤيدا للمحافظين، لكنه رفض، فكان أن قدمته للمحاكمة بيد أن هيئة المحلفين برأته ونصحت السلطات بأن تحد من حملتها ضد الصحيفة وصاحبها، حتى لا تثير عليها المزيد من السخط الشعبي.

واستمرت حملة الصحيفة المؤيدة للثورة، وأصبحت المقر الذي يجتمع فيه معارضو الحكم البريطاني مما حدا بالسلطات البريطانية أن تطلق عليها لقب "بيت الفتنة".

### الكارتون السياسي.. الوخز بالفنون

يعود بنا المؤلف إلى لندن مرة أخرى، ليرسم لنا لوحة جديدة من المعركة بين وسائل الإعلام والطغاة. يحدثنا الكاتب في هذا الفصل عن الكارتون السياسي، وهو لون من ألوان التعبير عن الرفض لأفعال السلطة التي لا تجد قبولا لدى المعارضة.

وقد برز في هذا المجال الرسام جيمس غيلاري ومالكة إحدى دور الطباعة وتسمى حنا همفري. كان جيمس يرسم اللوحات الساخرة التي تظهر أهل السلطة كأغبياء لا يهتمون ببقية أفراد الشعب.

لعب الكرتون السياسي دورا هاما في المعركة ضد أهل السلطة في بريطانيا خاصة في نهايات القرن الثامن عشر وبدايات التاسع عشر.

لم يعرف الكارتون السياسي طريقه إلى الصحف في بادئ الأمر، وإنما كان ينشر عبر اللوحات التي تعرض في الأسواق ليشاهده المارة، أو يشتريها علية القوم من الطبقة السياسية.

يبدو أن الوخز بالفن قد آلم أهل السلطة الذي سعوا مرارا إلى تحييد سطوته، وقد اتجهت السلطات في النهاية إلى سطوة المال لكي

توقف غيلاري عن مساره هذا فكان أن عقدت معه اتفاقا تمنحه بموجبه مبلغ 200 جنيه سنويا مقابل أن يتوقف عن انتاج الرسوم التي تسخر من الملك والملكة وأمير ويلز، وأن يحول انتقاداته نحو المعارضة.

### مراسلو الحروب

كانت حرب القرم عام 1853 بين الإمبراطورية الروسية والدولة العثمانية الميدان الذي سيشهد بروز ما يعرف بمراسلي الحرب، أولئك الصحفيون الذين يرافقون القوات وينقلون مشاهد المعارك بانتصاراتها وانكساراتها.

وقد شاركت بريطانيا بجيشها إلى جانب قوات الدولة العثمانية عام 1854، وقد سارعت صحيفة التايمز البريطانية إلى إرسال الصحفي المغامر وليم رسل ليكون عينها هناك ويأتيها بوقائع الحرب وخاصة ما يتعلق بجيش بريطانيا.

لم يكتف رسل بنقل أخبار المعارك، ولكنه نقل أيضا ما رآه خللا في أداء الجيش البريطاني وإهمال القيادات الذين ورطوا الجنود البسطاء وألقوا بهم في أتون المواجهة.

وقد تسببت تقارير رسل في إغضاب قادة الجيش البريطاني الذي وصفوا ما تنشره التايمز بأنه غير وطني. لكنها وبالمقابل أدت إلى نشوء رأي عام معارض للحرب، الأمر الذي تسبب في الإطاحة بالحكومة في نهاية المطاف.

وفي الجانب الآخر من المحيط سيبرز اسم آخر من مراسلي الحرب عام 1862 هو جورج سمولي مراسل صحيفة نيويورك تربيون الذي أرسلته لتغطية وقائع الحرب الأهلية الأميركية. وقد استطاع سمولي أن يتجاوز أسوار المنع التي فرضتها قوات الاتحاد على الصحفيين وحالت بينهم وبين نقل مشاهد القتال، حيث تطوع للعمل كضابط ضمن صفوف قوات الاتحاد، حيث كان له ما أراد.

## الحرب العالمية الأولى

يستمر الكاتب في نقل المواجهات بين السلطة ووسائل الإعلام، ونتوقف معه في الحرب العالمية الأولى حيث يعرفنا على الإجراءات القاسية التي اتبعها وزير الحرب البريطاني اللورد كتشنر ضد الصحفيين الذين كانوا ينقلون وقائع الحرب من جبهاتها المتعددة. لقد أظهر كتشنر امتعاضه من الصحفيين الذين رافقوه في حملته على السودان عام 1898، ولذلك لم يكن غريبا أن يسن ما يعرف بقانون الدفاع عن المملكة بعد أربعة أيام من بدء الحرب العالمية الأولى. وقد منع القانون المشار إليه نشر أي أخبار عن القوات البريطانية، بل ذهب أبعد من ذلك عندما على اعتقال أي مراسل صحفي يتواجد في ميدان الحرب وأن يرحل ويصادر جواز السفر الخاص به. ولم تخلو الحرب العالمية الثانية من الإجراءات التي سعت إلى تكبيل المراسلين الحربيين وتعقيد مهمتهم وبالطبع كان ذلك بدوافع الوطنية والحفاظ على الروح المعنوية للجيوش، وعدم إفشاء أسرارها للعدو.

ويختتم الكاتب المؤلف: ديريك ج تايلور فصول كتابه بما عايشناه ونعيشه حاليا من أوجه المعركة المستمرة بين السلطة ووسائل الإعلام والمتمثل في هجوم الرئيس الأميركي دونالد ترامب على وسائل الإعلام الأبرز في الولايات المتحدة.

## الكتاب العاشر: المعركة من أجل الحقائق.. صناعة الأخبار في العصر الرقمي

تجار الحقيقة: صناعة الأخبار في العصر الرقمي والمعركة من أجل الحقائق

المؤلف: جيل أبرامسون
تاريخ الصدور: فبراير/ شباط 2019
دار النشر: سايمون آند شوستر
عدد الصفحات: 509

هذا كتاب عن حال الصحافة الأميركية في ظل العصر الرقمي، انكساراتها وانتصاراتها، مؤلفته جيل أبرامسون، شاهدة على تلك الحال، وحاضرة في معارك عديدة في ذلك الشأن، بل كانت هدفا لبعض هذه المعارك. فقد شغلت منصب رئيس تحرير صحيفة نيويورك تايمز الشهيرة في الفترة من 2011 وحتى 2014 كأول امرأة تشغل هذا المنصب منذ صدور الصحيفة قبل 160 عاما.
يركز هذا الكتاب عبر فصوله الثلاثة عشر على مسيرة أربع مؤسسات إعلامية أميركية خلال العقدين الماضيين، اللذين شهدا ما يمكن تسميته بالاضطراب الإعلامي، وهي الفترة التي بدأت بوصول ثورة الإنترنت، وشهدت انهيار نماذج الإعلام التقليدية، حيث لم تتمكن سوى قلة قليلة من المؤسسات الإعلامية التقليدية من إيجاد سبل للبقاء على قيد الحياة، ناهيك عن الازدهار.
وقد عايشت أبرامسون بدايات ذلك الاضطراب من خلال عملها رئيسة تحرير لنيويورك تايمز في الفترة المذكورة آنفا، وصولا إلى إقالتها من منصب رئاسة التحرير في عام 2014 في أعقاب معركة إدارية كان محورها الاستراتيجية الرقمية للصحيفة، وفي أعقاب ظهور مقالة في موقع بوليتيكو عام 2013 حملت عنوان:

Turbulence at The Times
https://www.politico.com/story/2013/04/new-york-times-turbulence-090544

### تغريدة ترامب وحفل جوائز بوليتيزر

في الأيام الأولى لصدور الكتاب غرد الرئيس الأميركي دونالد ترامب على حسابه في تويتر قائلا إن المؤلفة فضحت في كتابها تحيز نيويورك تايمز تجاهه، بيد أن المؤلفة ردت عليه بالقول: " كل من يقرأ كتابي سيجد أنني أقدر نيويورك تايمز، وأثني على تغطيتها لكل ما يتعلق بك". كما رد عليه مغردون آخرون بالقول:" سيدي الرئيس القراءة شيء أساسي عليك أن تجربه، لأن الكثير من التلفزيون مضر بك".

تدلف بنا المؤلفة جيل أبرامسون إلى متن كتابها عبر مقدمة مطولة تنقل لنا فيها مشاهداتها من داخل حفل توزيع جوائز بوليتزر للتميز الصحفي للعام 2016، هذه الجائزة الشهيرة التي حصلت عليها نيويورك تايمز 117 مرة، وواشنطن بوست 47 مرة. وتحدثنا الكاتبة عن غياب شخصيات عن ذلك الحفل، كانت تسجل حضورا دائما في السنوات السابقة، مثل دونالد غراهام مالك صحيفة واشنطن بوست الذي أجرى تعديلات في الصحيفة قبل ثلاث سنوات، والذي كان مهموما بسبب عدم قدرة الصحيفة على تجاوز مشاكل تخفيض أعداد العاملين بها، وتلاشي مداخيل الإعلانات، مما اضطره في نهاية المطاف إلى بيع الصحيفة التي كانت تمتلكها عائلته منذ عام 1933 إلى جيف بيزوس أحد مليونيرات العصر الرقمي الذي أحدث فيها تعديلات شملت حتى ممراتها الصقيلة التي اختفت منها الصورة الشهيرة لصفحتها الأولى في اعقاب فضيحة نيكسون والتي حملت عنوانا من كلمتين هو" نيكسون يستقيل" لتحل مكانها شاشات عرض ضخمة تظهر بثا حيا لإحصاءات زوار موقع الصحيفة، إلى جانب شعار بيزوس الأشهر "عدم التطور مسألة خطيرة".

**عصر القلق الصحفي**

ومن بين ما رصدته المؤلفة في ذلك الحفل غياب من أسمتهم بالحرس الجديد، أصحاب المؤسسات الإعلامية الرقمية التي بدأت تستولي على المشهد، واستغلت غوغل وفيسبوك لكي تبني لنفسها قاعدة ضخمة من الجمهور الشاب. وبالرغم من أن هذه المؤسسات الجديدة لم تحصل على الكثير من الجوائز، إلا أن أسماء مثل (بزفيد) و(فايس) قد أصبحت منافسا شرسا للحرس القديم من المؤسسات الإعلامية.

وتصف المؤلفة ذلك الاحتفال بأنه " كان تمجيدا للعصر الذهبي للأداء الصحفي الأميركي" بيد أن المحتفيين كانت تعتريهم حالة من القلق على مستقبل مؤسساتهم. وتشير إلى أن صناعة الصحافة الأميركية فقدت في العقد الماضي 60% من القوى العاملة كانت أجورهم تعادل 1,3 مليار دولار، وأن ذلك صاحبه تراجع في مستوى الأداء المهني، بسبب انخفاض عدد المؤسسات الصحفية وانخفاض القصص والموضوعات الصحفية المهمة التي كانت تأتي بجوائز مثل بوليتزر.

وترى المؤلفة أن ذلك الواقع أصبح يهدد حرية الناس وحقوق الجمهور في معرفة الحقيقة. وتضيف أن كل ذلك المجد الذي حققه الرواد الأوائل قد أصبح تحت مرمى النيران، فقد أصبح الكم هو المعيار حين حلت مقاييس النقرات وعدد مرات مشاهدة الصفحات والتعليقات مكان التأثير الحقيقي، مما قاد إلى انخفاض ثقة الجمهور في وسائل الإعلام، ورغم انتشار الأخبار في كل مكان أصبح من الصعوبة بمكان الحصول على معلومات ذات مصداقية.

**زمن الآيفون**

كما أشرت آنفا فإن المؤلفة جيل أبرامسون تتناول في كتابها (تجار الحقيقة) قصة أربع مؤسسات صحفية، اثنان من الرواد

الأوائل في صناعة الأخبار هما نيويورك تايمز وواشنطون بوست اللتان كافحتا في لحظة التحولات التكنولوجية المزعجة للحفاظ على قيمهما الأساسية، وقادمان جدد هما (بزفيد) و(فايس).

وتتطرق ابرامسون إلى ما أصاب المؤسسات الصحفية التقليدية من آلام قاسية بسبب تراجع مداخيل التوزيع والإعلان الناتج عن تحول الجمهور نحو الحصول على الأخبار والمعلومات من الإنترنت.

وتقول المؤلفة أن حكاية كتابها تبدأ من العام 2007 الذي شهد بداية التحولات الكبرى في مجال صناعة الأخبار، ففيه ظهر الآيفون كجهاز ذكي، إلى جانب العديد من التطبيقات الخاصة بالأخبار والتي أصبحت الوسيلة الأولى للجمهور للحصول على الأخبار، وفيه تحول فيسبوك إلى الوسيلة الأشهر لتوزيع الأخبار. وفي هذا العام أيضا ـ بحسب المؤلفة- قرر موقع "فايس" استخدام الفيديوهات الإخبارية الرقمية، وظهر موقع "بزفيد" الذي أصبح وسيلة هامة من وسائل انتشار الأخبار.

في الجانب الآخر كان 2007 العام الذي بدأت فيه الكثير من الأشياء تتداعى بالنسبة لصحيفة نيويورك تايمز، فقد عانت من أزمة مالية بسبب تحولها إلى المبنى الجديد، حيث اضطرت معها إلى استدانة مبلغ 250 مليون دولار، وإلى تأجير العديد من طوابق المبنى الذي كانت تخطط لأن يصبح مقرا للإمبراطورية الجديدة للوسائط المتعددة. وبالنسبة لصحيفة واشنطن بوست، فقد عانت هي الأخرى من واقع مشابه لما عانته رفيقتها نيويورك تايمز.

## عصر ترامب

تقول المؤلفة إنه وإزاء ذلك الواقع بدأ الكثير من المهتمين بعالم صناعة الأخبار في الولايات المتحدة الأميركية يتساءلون عما إذا ما كانت نيويورك تايمز وواشنطن بوست اللذان تعتبران من ركائز

مؤسسة الصحافة الأميركية، قادرتان على الصمود أمام معركة التحول الرقمي، إلى جانب الحفاظ على القيم التي عرفتها الصحافة الأميركية.

وتضيف أنه وفي عصر ترامب يصبح مثل تلك الأسئلة مشروعا، بل يمكن أن تضاف إليها أسئلة أخرى من شاكلة: هل ما زالت المؤسسات الصحفية التقليدية المتعبة قادرة على أداء المهمة التي رسمها الإباء المؤسسون للصحافة الحرة؟ وهل تستطيع الجوائز اللامعة التي أصبحت تخصص لموضوعات التسلية أن تؤثر على دور هذه المؤسسات في أداء واجبها المتعلق بوظيفة إعلام الجمهور؟ هل نموذج العمل الجديد الذي قد يتعارض مع أهواء بعض الملاك، قادر على أن يدعم مبدأ الجودة في صناعة الأخبار؟ هل بالإمكان استعادة ثقة الجمهور في وسائل الإعلام بينما الرئيس ترامب يصفها يوميا تقريبا بأنها "أخبار زائفة"؟

وتعترف المؤلفة بأن تلك الأسئلة تشكل موضوعات هامة، وقد تستغرق الإجابة عليها وقتا طويلا، ولكنها حاولت ذلك من خلال العديد من فصول هذا الكتاب.

وتشير إلى أنها قد قضت عامين في العمل على هذا الكتاب والتقت بالعديد من الصحفيين والمحررين وأخصائي التكنولوجيا في محاولة للبحث عن إجابة السؤال المؤرق وهو: هل ثمة مؤسسات صحفية تعنى بقضة جودة الأخبار والجوانب المهنية المتعلقة بصناعتها؟

ورغم إقرار المؤلفة بأنه لم يبق سوى عدد قليل من المؤسسات الصحفية التي تعني بجودة صناعة الأخبار، إلا أنها ترى أن المؤسسات الأربعة التي تناولتها في كتابها وهي: نيويورك تايمز، واشنطن بوست، بزفيد وفايس بإمكانها القيام بذلك الدور.

وترى المؤلفة أن نجاح بزفيد يوضح تأثير فيسبوك على الطريقة التي تنتشر بها المعلومات عبر الإنترنت، أمما فايس فقد استطاعت عبر اعتمادها على الفيديو الرقمي وخدمات البث المباشر من أن

تحل مكان التلفزيون التقليدي، وأن تكسب ولاء الجمهور الشاب الذي يعتمد على المشاهدة أكثر من اعتماده على القراءة.

وبالنسبة لصحيفة نيويورك تايمز فهي تغطي مستوى شاملا من الموضوعات الصحفية ومن أماكن عديدة، وبشكل أعمق من أي مؤسسة إعلامية أخرى، وبالمقابل تعمل واشنطن بوست دائما على الحفاظ على مجدها وصورتها باعتبارها المؤسسة الإعلامية الأكثر اهتماما بقضايا السياسة الأميركية.

أما الكتاب العاشر فهو بعنوان "ثقافة الشاشة" لمؤلفه الباحث الأميركي ريتشارد بوتش، ويبحث فيه تأثير الشاشة التي كانت ومنذ السينما ماعونا لثقافة تعددت بمرور السنوات وباختلاف البشر والجغرافيا.

# ثقافة الشاشة

المؤلف: ريتشارد بوتش
تاريخ الصدور: أبريل 2019
دار النشر: بوليتي
عدد الصفحات: 308

يؤكد مؤلف هذا الكتاب منذ البداية أن الشاشة التي سيهتم كتابه بالحديث عنها ونقاش ثقافتها في صفحات كتابه التي تزيد قليلا عن الثلاثمائة هي طيف وواسع من الشاشات، يبدأ بالسينما مرورا بالتلفزيون وألعاب الكمبيوتر، وصولا إلى شاشات الهواتف والأجهزة الذكية الأخرى، أو ما أصطلح على تسميته بموجات الجيل الأول والثاني والثالث من تكنولوجيا الشاشات.

يحاول ريتشارد بوتش أستاذ علم الاجتماع ودراسات السينما والإعلام أن يدمج في هذه التوليفة الموسعة بين التاريخ الاجتماعي والاقتصادي والسياسي، لكي يقدم لنا عبر صفحات كتابه فحصا شاملا ومتماسكا لوسائل الإعلام وثقافة الشاشة، بدءا من السينما والتلفزيون مرورا بأجهزة الكمبيوتر وصولا إلى الأجهزة الذكية، إلى جانب دراسة تطورها خلال القرنين العشرين والحادي والعشرين.

وقد اعتمد بوتش على مجموعة ضخمة من الدراسات والبحوث التي أجريت في هذا الشأن في عدد من البلدان مثل الولايات المتحدة وبريطانيا وفرنسا ومصر والصين والهند وغرب أفريقيا. يتتبع المؤلف عبر كتابه كيف تطورت وسائل الإعلام في الدول المذكورة آنفا، وماهي القوى العالمية التي ربطت بينها، كما يقدم تقييما لما سماه بالهيمنة الإعلامية، والاختلافات الثقافية في استخدام الجمهور لوسائل الإعلام.

وقد توصل المؤلف من خلال المقارنات بين المكان والزمان عن تطورين مرتبطين ببعضهما البعض، وهما صعود وهبوط هيمنة الثقافة الأميركية، والاتساق الكبير بين الجمهور في مختلف البلدان فيما يتصل بطريقة دمجهم للترفيه عبر الشاشة في الثقافات الخاصة بهم.

## لون الحياة

يدلف بنا المؤلف إلى سفره الذي نستعرضه هنا عبر مقدمة طويلة، مشيرا إلى أن محطة تلفزيون سي بي إس الشهيرة عندما دشنت التلفزيون الملون لأول مرة في خمسينيات القرن الماضي روجت له بما أسمته "لون الحياة". موضحا أن الفارق الكبير بين الطباعة والشاشة هو في الطبيعة الحية للصورة المتحركة.

ويقول المؤلف إن الصورة المتحركة، سبقت السينما بوقت طويل، بيد أنها لم تكن متاحة ما قبل ظهور السينما إلا لعدد قليل من الأغنياء، لكن ومنذ بداية القرن العشرين أصبحت السينما وسيلة اتصال جماهيري، ثم جاء بعدها التلفزيون حتى وصلنا إلى عصر الإنترنت والأجهزة الذكية.

ويوضح أننا وصلنا في الوقت الراهن إلى مرحلة انتشار ما يعرف بـ"وسائط الشاشة" التي أصبحت جزءا أساسيا في حياة الناس، باعتبارها الناقل والمروج الرئيسي لمختلف أنواع الثقافات، ورغم أن العديد من الباحثين افترضوا وعبر تاريخ طويل وجود تأثير قوي للشاشة على سلوك الناس، إلا أن البحوث التي أجريت في الأربعين عاما الماضية أوضحت بجلاء أنه لا يمكن افتراض أن الرسائل الإعلامية المنقولة عبر الشاشة يتم استهلاكها من قبل الجمهور دون تمحيص.

## مقارنات ثقافية

وفق ما تمت الإشارة آنفا، فإن وقوف المؤلف على تاريخ وسائط الإعلام الجديدة وغيرها في العقدين الماضيين، أتاحت له تقديم ما سماه بالمقارنات الثقافية التي تكشف عن أوجه التشابه والاختلاف بين هذه الوسائط، كما مكنه ذلك من التقاط ما سماه بالتغيرات التاريخية والثقافية لهذه الوسائط.

ويقدم المؤلف في فصول كتابه مادة قيمة تتطرق لما يعرف بصناعة الإعلام وعلاقة الجمهور بهذه الصناعة، مبتدئا بصناعة السينما في النصف الأول من القرن العشرين، مرورا بالتلفزيون، ووصولا إلى العصر الرقمي والعولمة في الألفية الجديدة.

## الفصل الأول: السينما الأميركية حتى الحرب الأولى

بعد مقدمة طويلة بلغت صفحاتها الرقم عشرين يدلف بنا المؤلف إلى صفحات كتابه، مبتدئا بالفصل الذي اختار له عنوان " السينما الأميركية حتى الحرب الأولى". حيث يقدم نبذة عن السياق التاريخي الذي ظهر فيه ما سماه لعروض الصور المتحركة.

ويوضح المؤلف أن هذا النوع من العروض ظهر لأول مرة في الولايات المتحدة الأميركية في منتصف تسعينات القرن التاسع عشر، عندما كانت الصور المتحركة من ضمن مجموعة وسائل ومستويات الترفيه المتاحة آنذاك، مثل المسارح المنزلية، المتنزهات، عروض السيرك وغيرها.

ووفق المؤلف فإن بدايات السينما ظهرت بعد عقد من ذلك الزمان، حيث أصبحت دور العرض السينمائي مكانا للتسلية والتثقيف، واتخذت لها مكانا إلى جانب الصحف قبيل ظهور الإذاعة (الراديو).

ويعتقد المؤلف أن هذا التطور الذي بدأ بشاشات صغيرة تعرض عليها الصور المتحركة داخل عدد محدود من المنازل، أدى إلى

ظهور ما سيعرف لاحقا باسم " ثقافة الشاشة" والتي ساهمت فيما بعد في بروز تطورات ثقافية عديدة.

وثقافة الشاشة كما يرى المؤلف ليست هي نصوص الأفلام وصانعيها، وإنما يتسع توصيفها ليشمل الثقافة الحية التي يصنعها الناس ويعبرون عنها بشكل جماعي كمشاهدين. ويضيف المؤلف أن ذلك التوصيف يصدق على البدايات الأولى لثقافة الشاشة، عندما كان الجمهور حاضرا وبقوة في الخطاب العام الذي كان سائدا آنئذ.

وإجمالا فإن المؤلف يركز في هذا الفصل وبشكل أساسي على الجمهور والظروف التي تتم فيها عملية مشاهدة عروض الصور المتحركة، ولذل فهو ينطلق من سياق تاريخي يستعرض فيه الثقافة المحلية والأوضاع العامة قبل ظهور السينما، ثم بعد ظهور السينما واندماجها في ذلك السياق من خلال جمهورها، ومن خلال مجتمعات ما بعد المسرح.

## الفصل الثاني: السينما العالمية 1900 – 1920

يتطرق المؤلف في هذا الفصل إلى ما يسميه بالسينما العالمية في الفترة من 1900 إلى 1920، مشيرا إلى أن العروض السينمائية كظاهرة عالمية بدأت في وقت متزامن تقريبا في العديد من مدن العالم الكبرى، ليس فقط نيويورك، لندن، باريس، بل شملت أيضا مدنا أخرى مثل بومباي، القاهرة شانغهاي وغيرها من الدن والعواصم العالمية.

وفي السياق ذاته يشير المؤلف إلى أن هيمنة هوليوود على المشهد السينمائي ولعقود ربما أعطت انطباعا بأن تاريخ السينما كان على الدوام أميركيا ودون أي منافسة أخرى، بيد أن الواقع يشير إلى غير ذلك.

ووفق المؤلف فإن ما قبل هوليوود، وما قبل الحرب العالمية الأولى شهد تاريخ السينما العالمية هيمنة أوروبية سواء كان ذلك

داخل الولايات المتحدة أو حول العالم. فقد شهدت العديد من البلدان الأوروبية نهضة في صناعة السينما، وظهور ما يمكن تسميته بثقافة السينما الأوروبية، حيث سمحت العديد من العوامل والظروف بانتعاش صناعة السينما التي اعتمدت في ازدهارها على تحسن الظروف الاقتصادية وارتفاع أجور العاملين.

ويختتم المؤلف هذا الفصل بالإشارة إلى جانب مهم من ثقافة الشاشة، وهو المتعلق بأثر ثقافة ارتياد دور العرض، فقد ذكر أن النخب الحاكمة وفي العديد من دول العالم أبدت مخاوفها من تأثير السينما على قطاع واسع من الناس، سواء كانوا من الطبقة العاملة في البلدان الأوروبية، أو الأهالي من أصحاب الدخل المنخفض في المستعمرات الأوروبية.

ويشير المؤلف إلى أن نفس هذه النخب أبدت الشعور ذاته عندما نجحت هوليوود في تصدير ثقافتها، حيث حذرت من خطورة انتشار ما أسمته بالثقافة الأجنبية في أوساط الطبقة العاملة وذوي الدخل المحدود.

**الفصل الثالث: عصر أستوديوهات هوليوود 1910 – 1940**

يركز هذا الفصل من كتاب " ثقافة الشاشة" لمؤلفه ريتشارد بوتش على بروز ما يمكن تسميته بثقافة هوليوود، ويورد المؤلف في بدايته مقولة المخترع ورجل الأعمال الأميركي توماس إديسون "من يسيطر على صناعة السينما يسيطر على أقوى وسيلة للتأثير على الناس".

ويسرد المؤلف في صفحات هذا الفصل التي بلغت 17 صفحة قصة هوليوود من الألف إلى الياء كما يقولون، واصفا طريقة نشأة أستوديوهات هوليوود، ونظم العمل بها ابتداء من مراحل الإنتاج المختلفة ووصولا إلى التوزيع.

ويصف بوتش وهو أيضا مؤلف لكتاب بعنوان "من أجل المتعة والربح.. تحول الترفيه إلى استهلاك" يصف أستوديوهات هوليوود بأنها فضاء جغرافي ثقافي وأسطوري، ويذكر بنجاح هوليوود في التعبير عن الثقافة والقيم الأميركية. ويقول إنها استطاعت وبما لديها من إمكانيات أن تنتج ثقافة سينمائية متجانسة، وتقدم رسالة متسقة إلى حد ما لحوالي أربعة مليارات من المشاهدين الأميركيين في كل عام، مما جعلها قوة لا يستهان بها في تشكيل ثقافة الأميركيين.

الفصل الرابع: هوليوود العالمي.. سنوات 1920 – 1950
يبدأ المؤلف هذا الفصل بالحديث عن هيمنة السينما الأميركية وخاصة في أوروبا ما بعد الحرب العالمية الأولى، حيث بدأ الجمهور الأوروبي يتجه نحو السينما الأميركية، ويتخلى عن الأفلام المنتجة محليا. ويشير المؤلف إلى أن النخب السياسية والاجتماعية والثقافية الأوروبية كان رد فعلها قويا على ما وصفته بكارثة سيادة الثقافة الأميركية.

ويوضح أن المخاوف من غزو السينما الأميركية التي عبر عنها الأوربيون منذ نهاية الحرب العالمية الأولى، تردد صداها مرة أخرى في أعقاب الحرب العالمية الثانية، وكان مسرحها هذه المرة الدول المستقلة حديثا، حيث سعت الحكومات هناك إلى تخليص نفسها من الإرث الاستعماري.

ويضيف أن تلك الدول ووجهت بالعديد من الصعوبات، ففي الوقت الذي كانت تبذل فيها معظم جهودها لكي تقيم سياجا من الوحدة الوطنية والخصوصية الثقافية، كانت تواجه بتدفق الأفلام والبضائع الأميركية التي تجد قبولا واسعا في أوساط الناس، ولذلك كان الحديث عن ثقافة الشاشات وتأثير السينما على الجمهور حاضرا بقوة في الخطاب السياسي العام في تلك البلدان.

## الفصل الخامس: التلفزيون الغربي في عصر الإذاعة 1945-1990

يتناول المؤلف في الفصل الخامس البث التلفزيوني: برامجه ومشاهديه من بدايات ما بعد الحرب العالمية الثانية مرورا بفترة الثمانينات ثم وصولا إلى مرحلة ما قبل ظهور الإنترنت والإعلام الرقمي. ويركز على الولايات المتحدة الأميركية باعتبارها الدولة التي كانت لها الهيمنة الثقافية في ذلك الوقت، ثم ينتقل من هناك إلى المملكة المتحدة وأوروبا.

ويرى أن ثمة اتفاق جامع ساد لدى النخب الحاكمة والمسيطرة في كل من الولايات المتحدة الأميركية وأوروبا بأن التلفزيون يجب أن يخدم ما أسموه بالمصلحة الوطنية. وقد تم استخدام برامج التلفزيون في الولايات المتحدة الأميركية في الترويج للنزعة القومية وتوحيد الهية الوطنية.

ويضيف المؤلف والذي له أيضا كتاب بعنوان " من أجل المتعة والربح.. تحول الترفيه إلى استهلاك" أن التلفزيون وفي الولايات المتحدة على وجه التحديد استخدم كوسيلة للترويج لفكرة المجتمع المدني والمواطن المستهلك، حيث تم اعتبار مشاهدة التلفزيون فعلا مدنيا.

ويشير إلى أن التلفزيون كان أرخص وسيلة ترفيه في الولايات المتحدة الأميركية في فترة خمسينات القرن الماضي، فقد كانت الأجهزة متاحة في البدايات الأولى في الحانات والأماكن العامة، كما مكن رخص أسعارها المواطن الأميركي العادي من الحصول عليها، وحيث أصبحت عنصرا مهما في غرفة المعيشة.

## الفصل السادس: تلفزيونات ما بعد الاستعمار 1960 – 1990

ويرتبط هذا الفصل بالفصل السابق، بيد أنه يركز على التلفزيون في أميركا اللاتينية، آسيا ثم أفريقيا. ويرى المؤلف أن وصول

التلفزيون إلى هذه المناطق جاء مباشرة بعد أن عرفته الولايات المتحدة وأوروبا، ولكنه وكما كان الحال مع السينما ارتبط بالماضي الاستعماري لهذه المناطق، وخاصة ما يتصل بعلاقة التبعية بين الدول الوليدة في هذه المناطق وبين المستعمر السابق، وفي هذا الخصوص يشير المؤلف إلى حال بعض الدول في أميركا اللاتينية. وبحسب المؤلف فإنه ونسبة لضعف البنية التحتية في هذه الدول فقد انحصر البث التلفزيوني حتى الثمانينات في مناطق حضرية قليلة، وتوفر لعدد قليل جدا من السكان، ولكن تغيرت الأوضاع بعد الثمانينات وصولا إلى التسعينات، حيث أصبح البث التلفزيوني متاحا لعدد أكبر من الناس.

ويقول المؤلف أن حكومات تلك البلدان استخدمت البث التلفزيوني للترويج للهوية الوطنية والتحولات الثقافية ما بعد الاستعمار. ويرى أنه بينما استغل المستعمر الغربي الإذاعة والسينما لتبرير وتمجيد استعماره لتلك البلدان وللحفاظ على ولاء شعوبها، فإن حكومات ما بعد الاستعمار استخدمت البث التلفزيوني كوسيلة للدعاية للدولة الوليدة ومشروعاتها التنموية.

**الفصول السابع والثامن والتاسع: الإعلام الرقمي في الألفية الجديدة**

يركز المؤلف في هذ الفصول الثلاثة على ثقافة الشاشة والتحولات الكبرى المرتبطة بها التي برزت في الألفية الجديدة والتي تشكل واقعنا الحالي.

ويرى أن العصر الرقمي يمثل أبرز تحول يشهده العالم منذ اختراع الراديو، وأن فوائده بارزة للعيان في الوقت الراهن حيث يستطيع أن يرصدها أي فرد، وحيث هي حاضرة لدى كل نشاط من أنشطة الغالبية العظمى من الناس.

وبينما يعدد المؤلف مزايا العصر الرقمي والتي من بينها بث الوعي لدى الناس عبر سهولة تداول المعلومات والمعارف، ومن ثم تمكينهم من المطالبة بتغيير أوضاعهم كما حصل في العالم العربي عام 2011، لا ينسى في الوقت ذاته أن يتحدث عما سماه المخاوف المتصلة بهذه التحولات التكنولوجية، مثل موضوع الرقابة التي تحدث نتيجة للتحول نحو ثقافة الشاشة من قبل قطاع واسع من البشر.

يتطرق المؤلف في هذه الفصول أيضا، وخاصة في الفصل الثامن إلى نمط استخدام وسائل الإعلام الرقمية، ويرى أن مستويات الرقمنة والتقارب وإمكانية الانتقال مكنت الناس من استخدام الأجهزة الذكية على نطاقات واسعة جدا، وأصبح بالإمكان مشاهدة الناس وهم يستهلكون ثقافة الشاشة في مختلف الأوضاع، سائرون وراكبون، بل حتى وهم يقودون سياراتهم.

ويوضح المؤلف أن استخدام الشاشات في الحياة أحدث تغييرات كبيرة جدا، وتحولات بعضها ثقافي، والبعض الآخر متصل بأساليب الحياة الأخرى، واستشهد بإمكانية الحصول أي معلومات عبر لمسة بسيطة لشاشة الجهاز الذكي في الوقت الراهن، بينما كان نفس الشيء قبل سنوات يتطلب الذهاب إلى المكتبات بشكل فعلي.

## المؤلف في سطور

**عثمان كباشي**، صحفي ومترجم من مؤسسي موقع الجزيرة نت.

### المؤهلات العلمية

- الدبلوم العالي في الدراسات الأفريقية والآسيوية – معهد الدراسات الأفريقية الآسيوية - جامعة الخرطوم، 1994- 1995

- شهادة الترجمة – معهد الدراسات الإضافية – جامعة الخرطوم، 1991- 1992 - بكالوريوس الصحافة والنشر- كلية الإعلام – جامعة القاهرة- مصر 1983 – 1987.

* مدرب الصحافة الرقمية والتحرير الصحفي في معهد الجزيرة للإعلام منذ 2007.

* نشر العديد من المقالات في مجال الصحافة الرقمية والتحرير الصحفي.

**E-KUTUB**
Publisher of publishers
No 1 in the Arab world
Registered with Companies House in England
under Number: 07513024
Email: ekutub.info@gmail.com
Website: www.e-kutub.com
**Germany Office**
**/Linden Strasse 22, Bruchweiler 55758**
**Rhineland-Palatinate**
UK Registered Office:
28 Lings Coppice,
London, SE21 8SY
Tel: (0044)(0)2081334132